Vegetarianos con ciencia

books4pocket

Lucía Martínez Argüelles

Vegetarianos con ciencia

© Lucía Martínez Argüelles, 2017.
© de la primera edición en ARCOPRESS, S.L.: mayo de 2016
© de esta edición: ARCOPRESS, S.L. para B4P, junio de 2017
www.editorialalmuzara.com
info@editorialalmuzara.com
@AlmuzaraLibros

Impreso por CPI BLACK PRINT
Coordinación de B4P en Almuzara: ÓSCAR CÓRDOBA

I.S.B.N: 978-84-16622-09-2
Depósito Legal: CO-1198-2017

Código BIC: WBJ, WBH
Código BISAC: CKB086000

Impreso en España - *Printed in Spain*

Dedicatoria
A Esteban, Cati, Xim y Pau

Agradecimientos:
A Olga Ayuso (www.veganizando.com) por la corrección de estilo genial y desinteresada, sin ella este libro estaría mucho peor escrito.
A Marc Casañas (@firefly_fan) por ayudarme con el omega 3 y con infinitas cosas, sin darse cuenta.
A Virginia García (http://www.creativegan.net/) y a Eva García (@EviMissCurls) por darme feedback antes que nadie. A Aitor Sánchez (http://www.midietacojea.com) por decir que sí a hacer el prólogo sin haber leído una línea siquiera y sin que le cupiera en la agenda. A Cristina Mitre (http://mujeres-quecorren.com/) por verme potencial y a Isabel Blasco por hacerle caso.
A mis compañeros que siempre están ayudando aunque no lo sepan, por orden alfabético: Bárbara Sánchez, Carlos Martín, Carlos Ríos, Eduard Baladía, José Joaquín López, Juan Revenga, Julio Basulto, Luis Cabañas, Pablo Zumaquero, Paloma Quintana, Rubén Murcia, Sergio Espinar, Virginia Gómez.

A todos, gracias.

Prólogo

¡Enhorabuena!

Como lo oyes. Tengo que comunicarte que tienes entre tus manos la mejor opción para conocer la dieta vegetariana y vegana que existe en castellano.

Nadie mejor que Lucía podría haber sido capaz de integrar, de manera tan brillante, todas las cuestiones relativas a este modelo de alimentación.

Está claramente escrito para que todo el mundo pueda llevarse mucho a casa y, por eso mismo, saldrás con mucho aprendido, repasado, reafirmado o desmentido. Independientemente del conocimiento que tengas sobre estas opciones.

Esta obra era necesaria. Especialmente en un contexto en el que se habla demasiado de nutrición, pero poco de alimentación. Qué triste es que, precisamente hoy, cuando más conocimiento acumulado tenemos sobre esta materia, todo parece que queda relegado a nutrientes, cifras y etiquetas. Por ello se hace necesario hablar de alimentación con tanta perspectiva.

Alimentarnos es más que nutrirnos y lo que hacemos como consumidores, como ciudadanos, tiene una repercusión vital (o letal, según se mire) en nuestro modelo de sociedad. Esto lo transmite Lucía genialmente para contextualizar el libro, avisando de antemano que esto va mucho más allá de una dieta. A quien piense que esto va de comer lechuga y cuidar animalitos le quedan pocos minutos de prejuicio. Bienvenidos al mundo donde comer es más que masticar y deglutir.

Podríamos afirmar que hemos llegado a una amarga realidad, tan triste que hace falta tener que escribir obras para defender lo que es ético y saludable. ¿De qué? Precisamente de ataques.

¿Por qué hemos llegado a la situación de ridiculizar a quien intenta hacerlo mejor? ¿A la práctica de buscar el resquicio, una pequeña grieta en lo ajeno, la incoherencia en alguien que ha dado ciertos pasos hacia un objetivo? La sociedad del siglo XXI no está preparada para aquellos que siempre hacen un esfuerzo, los exprimen, les exigen más… y en lugar de mirarse y analizar qué hacen ellos por cambiar el mundo, buscan cómo los otros no llevan al extremo sus convicciones. Así no, así no es como avanzamos colectivamente como sociedad.

Ya tenemos un mundo que crea suficientes barreras, libros como este empoderan y permiten que las personas tomen sus decisiones de una manera más responsable. Hacen falta más libros así, que den recursos y posibilidades.

¿Y a qué se debe el miedo o el rechazo por parte del personal sanitario? ¿A evidencias o a prejuicios? ¿En qué momento se empezó a prescribir a base de rumores? Probablemente en el mismo mundo en el que se prescribe a base de *spot* publicitario.

¿Dónde ha quedado el juramento hipocrático o el código deontológico?

Paradójicamente no abundan los sanitarios que se echen las manos a la cabeza con la dieta occidental. ¿Por qué nos encontramos entonces esta reticencia cuando informamos a nuestro entorno «me voy a hacer vegetariano»? Si se aceptan justificaciones tan pobres como el correr más o estar más guapo sin que a los sanitarios les tiemble la mano, ¿por qué levantar la ceja ante alguien que quiere comer de manera distinta por motivaciones más completas?

Quizás es hora de cambiar un paradigma, dejar de escandalizarnos por gente que se quiere hacer vegetariana. Nadie se escandaliza cuando ve a una familia alimentando a su chaval con prescripciones televisivas y publicitarias. Quizás llegue un día donde giren las tornas y veamos ridículo el comer para tener un culo perfecto.

Tampoco está la situación como para hacer caja a base de la desinformación. Y desgraciadamente la dieta vegetariana y vegana han sido caldo de cultivo de aprovechados que han intentado sacar tajada sin escrúpulos. Poniendo no solo en riesgo a mucha gente, sino desacreditando indirectamente esta propuesta.

No está nuestra sanidad ni nuestra educación para tomar decisiones en base a intuiciones, tradiciones, ni gurús. Es momento de desempolvar las librerías, que entre aire fresco y que se aparte lo rancio.

Esta necesidad de refrescarse es como la propia lectura. La argumentación y el guion están genialmente lineados, con la misma soltura y naturalidad que en *Dime qué comes*. Escritura que solo puede salir así de fácil de alguien que ha tenido que responder en demasía a injustos razonamientos. Los aspectos sobre los presuntos déficits de esta dieta están resueltos con la solvencia de un juicio. Juicios y prejuicios a los que tienen que enfrentarse las personas vegetarianas y veganas a diario.

Este libro es una parada en un camino de la inercia, una bocanada de aire para pararte a reflexionar sobre cómo se hacen las cosas ante lo diferente. El capítulo de cómo enfocar el vegetarianismo es simplemente brillante, pues requiere integrar un universo de conceptos para no caer en los clichés de siempre.

Si tuviera que destacar algo diría que la explicación de la pauta de suplementación de vitamina B12 es exquisita, para enmarcar y ponerle el título de una tesis. Como preciosa es la propuesta de aprovechar los encuentros sociales para hacer esa reivindicación sana, de mostrar otras opciones, de forzar un poco, de resultar ligeramente incómodos para que el resto de personas se planteen cosas más profundas.

Lucía expresa genialmente cómo cada pequeño paso cuenta y cómo a la hora de alimentarse hay muchas más cuestiones a barajar que las que nos hacen creer.

Solo se puede esbozar un «ya era hora». Esto es un libro para personas inquietas, que ven en la comida algo más que un plato con cosas encima. A ti, que lees estas líneas, si ves que la alimentación es algo más que saciar tu hambre, si tienes una mínima inquietud ciudadana, este libro, te va a encantar.

Os lo dice un omnívoro que no es de ponerse etiquetas, pero ha avanzado hasta la de «local y de temporada». Cada día que paso en el mundo de la nutrición, soy consciente de que nuestra dieta debería acercarse un poquito más a lo que a continuación os explicarán en estas líneas.

Aitor Sánchez García
Dietista-Nutricionista y *Scout*
www.midietacojea.com

Capítulo 1

DE VEGETARIANOS Y VEGANOS. POLÍTICA, SALUD Y CIENCIA, AQUÍ Y AHORA

«Mucha gente pequeña, en lugares pequeños, haciendo cosas pequeñas, puede cambiar el mundo».
Eduardo Galeano

Dicen que comer es un acto político. Y yo estoy de acuerdo.

Lo es aquí, en el primer mundo, donde solo tenemos que alargar la mano y coger del estante del supermercado o de la nevera de casa lo que más nos apetezca. Sin límites.

Lo es aquí, donde nunca hemos pasado hambre. Donde nunca ha sido nuestra mayor preocupación saber si tendremos algo que comer mañana.

Lo es aquí, donde el problema es que comemos de más, no de menos.

Lo es aquí, donde día tras día cada euro gastado en comida se convierte en un voto con el que manifestamos qué tipo de alimentos queremos y cómo queremos que se produzcan. Esto sí lo quiero y pago por ello. O esto no lo quiero y no lo compro. Aunque esté rico, sí, porque la palatabilidad no debería estar por encima de los principios.

Lo es aquí, donde de nuestro estilo de vida (del cual es un pilar básico la alimentación) depende el 80 % de nuestros futuros problemas de salud por enfermedades no transmisibles, o eso dijo la OMS (Organización mundial de la Salud) en un informe del año 2010 (1) y en 2015 se sigue llevando las manos a la cabeza por lo poco que hemos avanzado en prevención. «Malsano» es la palabra que utiliza la máxima autoridad mundial en temas de salud para denominar al estilo de alimentación que está mermando la calidad de vida de toda la población de los países desarrollados.

Aquí y ahora, elegir qué queremos comer y qué no, puede ser moda, postureo o capricho. Pero también puede ser política, rebeldía, decisión meditada, ética y conciencia.

Por lo primero, uno cuelga una foto del café que se está tomando en Starbucks. Por lo segundo, algunos deciden ser vegetarianos.

¡Ah! ¿No hay vegetarianos por moda o por esnobismo? Sí, por supuesto. Pero aun esos están apoyando, sin saberlo, un movimiento que redunda en beneficios globales. Bienvenidos sean los que cuando se hacen la foto con el café de Starbucks, lo han pedido con bebida de soja.

No hay decisión que pueda tomar un ciudadano de a pie que tenga tanto impacto como decidir qué come y, sobre todo, qué no come. Porque no hay nada que compremos con tanta frecuencia como la comida: ningún objeto de consumo precisa de tantas decisiones diarias y es tan imprescindible. Pocas industrias son más poderosas, pocos *lobbies* manipulan tanto; y en los que sí manejan otros hilos (económicos, farmacéuticos), los ciudadanos normales tenemos muy poco que decir: se gestionan en otras esferas. Pero la industria alimentaria no. La industria alimentaria también se gestiona en la panadería de abajo, en el supermercado de barrio y en el bar de menús al lado de tu trabajo.

Tú puedes decidir a diario si quieres apoyar la producción local o quieres consumir alimentos que han recorrido una media de más de 3.800 kilómetros y que han generado un impacto medioambiental insostenible por emisiones de dióxido de carbono. Y no lo digo yo, lo dice el último informe sobre el impacto de las emisiones de CO_2 por transporte de alimentos en el estado español (alimentos kilométricos) realizado por el Ministerio de Agricultura, Alimentación y Medio Ambiente junto a Amigos de la Tierra (2).

Consumir local o, al menos, de producción lo más cercana posible y de temporada es básico si queremos ser ciudadanos responsables. Pero hoy eso se queda corto. Aunque es un excelente comienzo, nosotros, los que podemos elegir y podemos presionar porque comemos cada día, tenemos que ir más allá.

¿«Más allá» es ser vegetariano? ¿Por qué?

Desde 2009, tras un demoledor informe de la FAO (Organización de las Naciones Unidas para la

Alimentación y la Agricultura y la ONU titulado *La larga sombra del ganado* (3) sabemos, y copio literalmente de la nota de prensa, que:

«La producción pecuaria es una de las causas principales de los problemas ambientales más apremiantes del mundo, como el calentamiento del planeta, la degradación de las tierras, la contaminación atmosférica y del agua y la pérdida de biodiversidad. Con una metodología que contempla la totalidad de la cadena del producto, el informe estima que el ganado es responsable del 18 % de las emisiones de gases que producen el efecto invernadero, un porcentaje mayor que el del transporte».

Sí, el ganado es responsable de las emisiones de gases de efecto invernadero en mayor medida que todos los medios de transporte juntos. Ahí es nada.

Y además, en estos tiempos en los que hablamos tanto del calentamiento global del planeta, la FAO ha denunciado que el ganado genera el 65 % del óxido nitroso de origen humano, que tiene casi 300 veces el potencial de calentamiento global del CO_2. Y que también es responsable del 37 % de todo el metano producido por la actividad humana (23 veces más perjudicial que el CO_2) y del 64 % del amoniaco, que contribuye de forma significativa a la lluvia ácida.

Mientras tanto, nosotros seguimos consumiendo alimentos cárnicos y sus derivados a todas horas y la demanda no deja de crecer. No parece muy sensato, ni solidario, ya que ese mundo en el que estamos contaminando, degradando, dejando sin acuíferos y mermando su biodiversidad es de todos. No es solo nuestro: no es solo del avaricioso y sobrealimentado primer mundo. Ni es solo de nuestra generación, ¿en qué clase de planeta van a vivir los que vienen detrás?

Reducir, aunque sea de manera moderada, la ingesta de productos cárnicos produce ya diferencias significativas en la emisión de gases de efecto invernadero. Tampoco me lo invento yo. Lo afirma un estudio publicado en el *American Journal of Clinical Nutrition* en 2014 (4), que establece que las emisiones de gases con efecto invernadero son un 29 % inferiores en dietas vegetarianas comparadas con dietas no vegetarianas.

La producción de carne es muy poco eficiente. La revista *Public Health Nutrition* también publicó, en 2014, un informe sobre el coste medioambiental que suponen las diferentes fuentes proteicas (5). En él indicaba que para obtener un kilo de proteínas procedentes de alubias se necesita la decimoctava parte de tierra, diez veces menos de agua, nueve veces menos de combustible, doce veces menos de fertilizante y diez veces menos de pesticidas que para producir un kilo de proteínas procedentes de carne de ternera. Y ojo, que no hablamos de un kilo de alimento bruto (la ternera tiene pelo, piel y huesos que no se comen), sino de un kilo de proteínas. Si en lugar de con alubias, hacemos la comparación con pollo y huevos, la ternera sigue siendo seis veces menos eficiente.

Y mientras merendamos un bocata de jamón e ignoramos ese despilfarro de recursos, alrededor de 800 millones de personas no tienen suficiente acceso a alimentos, según datos de la FAO en 2014. Se desnutren. Se mueren de hambre.

¿Y el pescado? Tenemos alertas sanitarias gubernamentales sobre el consumo de ciertas especies de pescado azul por la elevada contaminación con metales pesados. Eso debería darnos una idea de lo que le estamos haciendo al mar. La extinción de especies, la pesca de arrastre que esquilma fondos marinos y la destrucción de economías de subsistencia de pesca local deberían ser motivos suficientes para decirle no a los animales marinos en el plato. Por no hablar de que todo Occidente pesca en aguas que no le corresponde y acaban con el alimento de las comunidades pesqueras tradicionales de países menos favorecidos. Y ese pescado que robamos no nos lo comemos: no todo. Se tiran, cada año, más de un millón de toneladas de peces muertos al mar. No es viable mantener la explotación actual de los océanos a largo plazo, y tú tienes los medios para no participar de ello.

Me dejo para el final la parte más conocida de las motivaciones asociadas al vegetarianismo: la explotación animal. Probablemente la animalista es la reivindicación más vistosa y que más cobertura mediática tiene, gracias a los actos multitudinarios y provocadores de organizaciones internacionales como PETA (Personas por el Trato Ético de los Animales) o como Igualdad Animal y Animanaturalis en España. No por mediática es menos sobrecogedora la manera en la que la industria trata a los animales para consumo. Os voy a ahorrar detalles. Si alguno creéis todavía que viven en alegres granjas soleadas, pastando hierba fresca o picoteando granos de maíz en un bucólico corral, os invito a visitar las webs de las organizaciones mencionadas. Es probable que no podáis terminar de leer los textos ni de ver algunos videos, si es que tenéis sangre en las venas.

Y es que en la industria ganadera hay hacinamiento, aislamiento, sobremedicación para paliar los efectos de la falta de ejercicio y se priva a los animales de su comportamiento social normal, así que a menudo terminan teniendo comportamientos extraños, se vuelven locos. Además, se los transporta al matadero en condiciones espantosas, a menudo sin comida y sin agua y muchos mueren en el camino.

«Pero en mi pueblo... Pero en las comunidades tradicionales...»

Podemos comprar local y de proximidad, pero no comemos comida tradicional. Comemos jamón de York hecho por grandes compañías y atún de lata comprado en supermercados sobreabastecidos. Desengáñate: el pienso que comen los animales de tu pueblo es el mismo que comen todos los demás. Hecho con soja y maíz de monocultivos que acaban con un terreno que podría servir para alimentar a gente que se muere de hambre. Y cada vez hay menos comunidades tradicionales en el planeta. La mayoría son nómadas y las leyes ganaderas de sus países no les facilitan el nomadismo porque la industria alimentaria necesita terreno para pasto. De verdad, ¿conocéis algún país que haga caso a los indígenas, salvo para el turismo y el folclore?

Yo no quiero apoyar todo esto. ¿Y vosotros?

Quizá muchos penséis que tampoco hace falta ser tan radical y que es suficiente con reducir el consumo, comer carne solo fuera de casa o cuando nos invitan, o dejar un día de pescado en nuestro menú semanal. Estoy de acuerdo: es un gran paso. Y para vosotros también servirá este libro, para facilitaros elecciones alimentarias conscientes. Pero que conste que, aquí y ahora, con semejante panorama, no está el mundo para que, los que podemos, no seamos radicales. En muchos de los posicionamientos éticos que podemos adoptar en nuestra vida diaria, el extremismo es una necesidad: no basta con ser un poquito racista, insultar a los homosexuales un día a la semana o pegarle a tu mujer quince días al mes porque en el punto medio está la virtud.

Y no solo cuenta nuestro propio impacto, también el que se desprenda de nuestro ejemplo. Tenedlo en cuenta cuando en un grupo de 30 personas os comáis la hamburguesa como excepción, porque estáis fuera de casa y porque por un día no pasa nada: qué gran momento estáis perdiendo para enseñar que hay otras opciones, para normalizar. Cuando no le insistís al restaurante de esa boda en que haga menú vegetariano, qué oportunidad perdida de dar visibilidad a la causa. Cuando os coméis la merluza o la pierna de cordero en Navidades, qué pena no haber aprovechado para modificar un poco el menú y enseñar nuevas opciones a vuestra familia.

¡Ah! Pero lo de ser vegetariano, ¿no era por salud?

En general, no. No sabemos a día de hoy cuál es la dieta óptima para el ser humano. De hecho, es probable que no haya un solo modelo de dieta ideal, ya que somos una especie con una gran capacidad de adaptación que hemos sobrevivido en entornos con una oferta de alimentos muy diferente.

Ser vegetariano no es más saludable que no serlo, así de entrada. Lo que es saludable es llevar una alimentación adecuada, sea cual sea nuestro estilo de vida y nuestra opción dietética.

Ser vegetariano implica un compromiso social, medioambiental, ético y político la mayor parte de las veces. La lucha no está en medirse con otras opciones dietéticas a ver quién obtiene mejores marcadores de salud. La lucha estriba en conseguir que nuestra alimentación mejore el mundo. Olvidaos del reduccionismo al nutriente.

Aquí y ahora no hay ninguna dificultad para llevar una alimentación vegetariana tan saludable como la que más. Solo hace falta estar bien informado. Pero esto es aplicable a cualquier modelo de alimentación.

Pero yo pensaba que los vegetarianos sí comían pescado. ¿Qué es exactamente un vegetariano?

Cada vez que decimos «pescetariano» a alguien se le enrancia el *hummus* en algún lugar del mundo.

Suelo empezar las charlas sobre alimentación vegetariana lanzando al público una pregunta sencilla: ¿Cuántos pensáis que hay vegetarianos que comen pescado? Y levantan la mano varios asistentes. Siempre. Incluso cuando el público está formado, en su mayoría, por dietistas-nutricionistas o estudiantes de Nutrición humana y dietética. Creedme: tengo testigos.

Ningún vegetariano come pescado, marisco, moluscos, ni, por supuesto, carne. ¿Cómo se llaman entonces los que no comen carne, pero sí pescado? No se llaman, no se denominan de ninguna manera: su dieta la podemos definir simplemente como «una dieta sin carne», pero no son vegetarianos. Y sé que a esta confusión ha contribuido en parte la literatura científica, que usa términos como *pescetarian* o *semivegetarian* o *flexitariano* con bastante ligereza, además de que coloquialmente se llame vegetariano a todo el que no come carne, incluso cuando en esa clasificación no se incluya como carne al jamón york. A los sándwiches vegetales me remito.

Por eso me parece buena idea acotar el término vegetariano antes de adentrarnos más en el tema.

La International Vegetarian Union nos da la siguiente definición de vegetarianismo:

'A diet of foods derived from plants, with or without dairy products, eggs and/or honey'.

Es decir, una dieta compuesta por alimentos de origen vegetal con o sin lácteos, huevos y/o miel.

Y no es baladí el buscar una definición de vegetarianismo porque hay poco consenso al respecto. Es habitual que se defienda que el término vegetariano se refiere a una alimentación cien por cien vegetal, mientras que si se consumen lácteos, huevos o miel se debe especificar usando los prefijos lacto-, ovo-, o api- según corresponda. Pero lo cierto es que, a pie de calle, lo habitual es que al decir vegetariano englobemos a todos aquellos que simplemente no consumen productos de origen animal que impliquen —necesariamente— la muerte de éste.

¿Y entonces qué tipos de vegetarianos hay? Pues más o menos, estos:

Ovolactovegetarianos
HUEVOS SÍ   LÁCTEOS SÍ   MIEL ¿?
CARNE NO   PESCADO Y MARISCO NO
LANA, CUERO, PRODUCTOS TESTADOS... ¿?

Lactovegetarianos
HUEVOS NO   LÁCTEOS SÍ   MIEL ¿?
CARNE NO   PESCADO Y MARISCO NO
LANA, CUERO, PRODUCTOS TESTADOS... ¿?

Ovovegetarianos
HUEVOS SÍ   LÁCTEOS NO   MIEL ¿?
CARNE NO   PESCADO Y MARISCO NO
LANA, CUERO, PRODUCTOS TESTADOS... ¿?

Vegetarianos estrictos
HUEVOS NO   LÁCTEOS NO   MIEL NO
CARNE NO   PESCADO Y MARISCO NO
LANA, CUERO, PRODUCTOS TESTADOS... ¿?

Veganos
HUEVOS NO   LÁCTEOS NO   MIEL NO
CARNE NO   PESCADO Y MARISCO NO
LANA, CUERO, PRODUCTOS TESTADOS... NO

La diferencia entre una persona vegetariana estricta y una vegana es que en la segunda no hablamos solo de una opción dietética, sino de un posicionamiento ético y de un estilo de vida que evita los productos de origen animal en todo el ámbito de consumo que sea posible. Y digo «posible» porque no es fácil evitarlo siempre. Un gran ejemplo son los medicamentos, que siempre se testan en animales y de los que, por desgracia, no siempre se puede prescindir.

Por tanto, todos los veganos son vegetarianos estrictos, pero no todos los vegetarianos estrictos son veganos. A pesar de este matiz, es muy habitual a nivel coloquial referirse a todos los que no comen ningún producto de origen animal como veganos y así lo voy a hacer a lo largo de este libro.

Vemos que el producto de origen animal con el que probablemente hay más dudas es la miel. Su consumo, salvo en veganos y vegetarianos estrictos, queda un poco supeditado a las decisiones personales de cada uno.

¿Y los crudiveganos?

Las personas que siguen una dieta crudivegana, además de lo señalado anteriormente para los veganos, añaden una condición más a su comida: que no haya sido cocinada con calor por encima de los 42 o 45° C, que es la temperatura máxima que se supone que puede alcanzar un alimento expuesto al sol. Es habitual que no se sea 100 % crudivegano, sino que se siga este tipo de alimentación en gran parte de la dieta habitual, pero no siempre. Se puede ser un 80 % crudivegano, por ejemplo.

Es un error creer que los crudiveganos se alimentan solo de ensalada. En realidad hay un sinfín de recetas muy elaboradas y atractivas. Y también utilizan técnicas como el remojo, la germinación o el fermentado para hacer comestibles productos que no lo son en su estado natural y que, habitualmente, sometemos a cocción como las legumbres o los granos. Pero ¿es una opción mejor o peor que otras? ¿Aporta alguna ventaja de salud extra? Hablaremos de ello más adelante.

Los vegetarianos: ¿son muchos? ¿O son cuatro gatos?

Es una pregunta difícil de responder, porque no existen muchos datos y los que tenemos, a menudo, no son demasiado fiables y hay que hacer especulaciones o aproximaciones.

En España, si nos atenemos a la ENIDE (Encuesta Nacional de Ingesta Dietética) (6) realizada por la Agencia Española de Seguridad Alimentaria y Nutrición (AESAN, ahora AECOSAN) entre los años 2009 y 2010, y publicada en 2011, podemos ver que el 1,5 % de los encuestados afirma no comer «ni carne ni pescado» con lo que los podemos considerar, al menos, ovolactovegetarianos. En números absolutos, este porcentaje supondría que son vegetarianas unas 700.000 personas en nuestro país.

En Estados Unidos, según datos de una encuesta realizada por el *Human Research Council* en 2014 (7) el 1,9 % de la población es vegetariana o vegana; es decir, unos cinco millones de personas.

En el Reino Unido contamos también con datos relativamente recientes, de 2009, en una encuesta de GFK Social Research encargada por la Food Standards Agency y titulada *Public Attitudes to Food* (8). Aseguran ser vegetarianos un 3 % de los encuestados, lo que se traduciría en, alrededor, de dos millones de personas.

En Australia, según una encuesta de 2010 realizada por Newspoll, el 2 % de la población es vegetariana, o lo que es lo mismo, alrededor de medio millón de personas.

Es difícil encontrar datos de otros países, pero cuando las cifras de individuos que siguen un determinado modelo dietético se cuentan por millones en naciones del primer mundo (totalmente industrializadas y con acceso a los servicios sanitarios por parte de la inmensa mayoría de la población), si existiera un riesgo real de salud pública por llevar una dieta vegetariana, como a veces se insinúa, obviamente lo sabríamos.

Aunque las encuestas son pocas y lo números son aproximados, lo que sí podemos observar es que el interés por la alimentación vegetariana y la oferta de productos enfocada al colectivo no deja de crecer. A pesar de que en España aún estamos lejos de llegar a la normalización que se vive en los países anglosajones, cada vez hay una mayor presencia de productos tradicionalmente consumidos por el colectivo en los supermercados ¿o no era impensable hace pocos años encontrar bebidas vegetales en cualquier tienda de barrio? Ahora podemos ver incluso varios tipos ¿Y tofu en un supermercado corriente que ni siquiera es una gran superficie? ¿Yogures de soja de primeras marcas de lácteos e incluso de marca blanca? Hace apenas cinco años, ni en nuestros mejores sueños, lo habríamos imaginado.

También sucede en la oferta hostelera: no solo aumentan los restaurantes vegetarianos en España, sino que es probable que ya no haya casi ninguna capital de provincia que no cuente al menos con uno.

También hay establecimientos no vegetarianos que empiezan a etiquetar los platos aptos en su carta o a anunciar que tienen opciones adecuadas para ellos.

Y fijándome más en mi gremio, los dietistas-nutricionistas, no hace mucho que la corriente general era la de tildar a la alimentación vegetariana de carencial y poco saludable y desaconsejarla. Y, aunque hoy los planes de estudios de Nutrición Humana y Dietética siguen sin dar una buena formación en el tema, si es que dan alguna, muchos compañeros atienden sin problemas a pacientes vegetarianos respetando su opción y formándose por su cuenta en este tipo de alimentación.

En internet abundan los blogs de recetas vegetarianas y en las redes sociales cada vez son más numerosos los grupos o comunidades de personas que siguen este tipo de dieta. A diario veo promociones de cursos de cocina, de servicios diversos, de festivales, de locales nuevos en los que comer... que se autodenominan vegetarianos o van enfocados a ellos, ¿vosotros no?

Así que permitidme ser optimista. Algo está cambiando. De hecho, que tengas este libro en tus manos porque una editorial ha decidido poner el tema en la calle es otra prueba de ello.

Pero ¿qué les pasa a los sanitarios?

Un porcentaje bastante alto de mis pacientes son vegetarianos; mucho más alto del que suele ser habitual entre mis compañeros. Es natural, porque cuando una persona vegetariana busca a un profesional sanitario, es muy probable que antes se informe de si el profesional que la va a atender es *vegan-friendly*. Puede que algunos os preguntéis qué sentido tiene eso, porque en principio lo que debería interesar es que sea un buen profesional y lo demás vendrá dado, ¿no? No nos van a atender distinto porque seamos vegetarianos...

Pues sí.

Aquí confluyen varios factores que favorecen todo tipo de situaciones dantescas: por un lado, la casi nula presencia de formación en nutrición vegetariana en los planes de estudio oficiales de las profesiones sanitarias, incluyendo a los dietistas-nutricionistas; por otro, la ausencia de dietistas-nutricionistas en la sanidad pública de nuestro país, que si bien no suelen tener formación especializada en el tema, al menos son el único profesional sanitario, junto a los técnicos superiores en dietética, específicamente formados en Nutrición Humana, por lo que tenemos bastantes más papeletas de que al menos sepan de qué les hablamos y puedan ayudar, aconsejar y resolver dudas. Y por último el hecho de que se siga considerando la dieta vegetariana como un capricho o una rareza particular de la que es lícito burlarse o juzgar, aun con la bata blanca puesta.

Esto último me pone de especial mal humor porque denota realmente muy poca empatía por parte del profesional y también muy poco conocimiento de una realidad cada vez más común.

A ningún sanitario se le ocurriría burlarse o cuestionar a una persona musulmana que no quiere comer cerdo y que pide que su dieta sea *halal*. O *kosher*, si hablamos de personas judías. Ni le dirían a un católico que se deje de pamplinas, que no comer carne los viernes no está avalado por la menor evidencia científica ni hay estudio alguno que concluya que es mejor que no comerla los jueves.

A día de hoy se moverá en un hospital Roma con Santiago para evitarle a un testigo de Jehová una transfusión de sangre y, sin embargo, somos incapaces de darle a un vegetariano una pauta de dieta blanda que no venga cuajada de jamón de york y pescado hervido. No tiene sentido. Incluso entre personas ateas, se pondrá especial cuidado en respetar las pautas religiosas de cada uno, pero no sus posicionamientos éticos. Absurdo.

Existen multitud de motivos por los cuales una persona es vegetariana y los hemos comentado al inicio de este capítulo, pero no he nombrado los motivos religiosos o filosóficos como es el caso de los jainistas o de ciertas ramas del budismo o el hinduismo o de los miembros de la Iglesia Adventista del Séptimo Día, que son cristianos protestantes. Muchos hindúes son vegetarianos por un tema más cultural que religioso, especialmente si viven en países occidentales.

Recordemos de nuevo el resto de motivos que hemos comentado antes: pueden ser de tipo ético, como los animalistas. De tipo político, por sostenibilidad medioambiental y justicia social, por un reparto más justo de alimentos. O por todo a la vez.

En realidad a los sanitarios no debería importarnos el motivo por el cual un paciente toma la decisión de llevar un determinado estilo de vida. No es de nuestra incumbencia y no es nuestro trabajo juzgar las decisiones personales del paciente. Sí lo es darle el mejor consejo posible respetando su estilo de vida hasta donde sea posible.

Si algún sanitario está leyendo esto y es de los que suele esbozar una risita burlona o condescendiente cuando tiene delante a un paciente vegetariano o de los que se escandaliza y alude a todo tipo de estados carenciales no prevenibles por no consumir carne y pescado, o de los que se atreve a hacer juicios de moral sobre la decisión del paciente, que piense solo un momento si se atrevería a hacerle lo mismo a cualquiera de los ejemplos anteriores. Y ahora que me diga por qué cree que unos pacientes merecen más respeto que otros en su estilo de vida y en su sistema de creencias personal.

Si no se sabe dar consejo dentro de una alimentación vegetariana, no pasa nada. Se asume y se deriva o, mejor aún, se informa uno y se recicla, que es lo que los sanitarios debemos hacer continuamente. O se le pide ayuda a un compañero.

Pero nunca desprecies a quien está haciendo algo por un mundo mejor, por patético o inútil que te parezca. Es posible que solo sea que estás mal informado o que no sabes lo suficiente.

Ya, bueno, pero ¿qué dice la ciencia?

La gran pregunta, ¿verdad? Bien. Voy a dejar que responda la Academy of Nutrition and Dietetics de Estados Unidos, que publicó en 2003 (9) un documento de posicionamiento sobre la dieta vegetariana junto a la Asociación de Dietistas de Canadá y que lo reafirmó en 2009 (10). La última revisión de este documento es de noviembre de 2016, y en esta ocasión la AND incluye también como novedad consideraciones medioambientales y de sostenibilidad, así como la recopilación de los últimos trabajos científicos (11):

«La postura de la Academia de Nutrición y Dietética es que las dietas vegetarianas adecuadamente planificadas, incluyendo las veganas, son saludables, nutricionalmente adecuadas y pueden proporcionar beneficios para la salud en la prevención y el tratamiento de ciertas enfermedades.

Estas dietas son apropiadas para todas las etapas del ciclo vital, incluyendo el embarazo, la lactancia, la infancia, la niñez, la adolescencia y la vejez, así como para loa atletas.

Las dietas basadas en vegetales son más sostenibles medioambientalmente que las dietas ricas en productos de origen animal porque usan menos recursos y están asociadas a un daño medioambiental mucho menor».[1]

El documento de 2009 fue traducido al español con autorización expresa de la ADA (American Dietetic Association), actual AND (Academy of Nutrition and Dietetics) y se puede consultar en la web de la Unión Vegetariana Española (unionvegetariana.org). La actualización de 2016 aún no ha sido traducida, y de hecho aparece en este libro como actualización a la 5ª edición.

---

1 Position of the Academy of Nutrition and Dietetics: Vegetarian Diets - Journal of the Academy of Nutrition and Dietetics. 2016.

El posicionamiento de la AND fue un bálsamo de alivio en un momento en el que la lucha contra los prejuicios arraigados era mucho peor que ahora. Que si el hierro, que si las proteínas, que si los niños se desnutren... fue un *zas en toda la boca*. *God bless you*, AND.

Pero es un error creer que con el documento de posicionamiento ya está todo hecho, o que con ese único documento se puede trabajar y dar consejo. En absoluto. El posicionamiento de la AND solo dio legitimidad al tratamiento dietético y sentó las bases para que se respetara a las personas vegetarianas en el ámbito sanitario. Constituye un pequeño resumen de las publicaciones científicas más destacadas hasta la fecha y saca algunas conclusiones generales. Nada más. A día de hoy, seis años después de la última revisión, podemos decir que ya tiene puntos obsoletos y de ninguna manera se puede usar como única herramienta, ya que cualquier pauta dietética precisa de personalización y además, en nuestro caso, de adaptación cultural y medioambiental de los consejos, como veremos más adelante, porque no es lo mismo comer en Estados Unidos que en España.

En lo que a literatura científica se refiere, la dieta vegetariana tiene un gran bagaje. Aquellos que creen que se trata de una opción dietética residual y «poco probada o estudiada» se equivocan de medio a medio. Ya hemos comentado las cifras de vegetarianos que se estiman en países del primer mundo, y no he querido entrar en datos de países en desarrollo, sobre todo de Asia, porque la comparación no sería justa, tanto por las diferencias culturales como por el acceso a alimentos y a servicios sanitarios.

En el principal buscador de artículos científicos,

PubMed, la búsqueda de los términos *vegetarian diet* arroja más de 3.300 resultados a finales de 2015. A lo mejor no sabéis si eso es mucho o poco. Bien, pensad en una dieta muy estudiada, la dieta mediterránea. Si buscamos *mediterranean diet*, la web arroja unos 3.900 resultados. Y creo que es la única dieta que cuenta con más literatura científica que la vegetariana. Porque *macrobiotic diet* no llega a los 120 resultados, y *paleolithic diet* ronda los 150, para que os hagáis una idea de qué volumen estamos hablando.

En esos resultados, los de todos los tipos de dieta, nos encontramos con muchos tipos de estudios: de buena calidad, de mala calidad, bien y mal diseñados, con muestra pequeña, grande, de intervención, epidemiológicos, que dan resultados favorables y que los dan desfavorables. Lo importante es que, si queremos dar un consejo o emitir una opinión basada en ciencia, tenemos de dónde tirar.

Estamos hablando de estudios indexados en revistas científicas, ojo. Aunque aún queda mucho que estudiar, quien diga que la dieta vegetariana tiene poco respaldo en la ciencia, simplemente no sabe de qué habla ni se ha molestado en cerciorarse de no estar metiendo la pata hasta el fondo.

Aun así, como decía, falta muchísima investigación, en nutrición en general y en dieta vegetariana en particular. En nutrición, de todos modos, resulta complicado hacer estudios fuertes y que arrojen una evidencia más sólida. Esos serían los estudios de intervención en humanos, es decir, aquellos en los que a un grupo de personas se les hace una modificación controlada y se compara con otro grupo al que no se le ha realizado dicha modificación. Este tipo de estudios tiene que pasar por comités de ética para aprobarse y, evidentemente, no se aprueban aquellos en los que la intervención podría perjudicar a los individuos. Por ejemplo, si creemos que un tipo de dieta determinada favorece la aparición de cáncer, no podemos pretender que un grupo de personas la siga para confirmar la hipótesis.

Además, otro problema de los estudios de intervención sobre temas dietéticos es que normalmente se necesita que sean a muy largo plazo, ya que las conclusiones que podemos sacar de un cambio dietético mantenido unas pocas semanas o meses por lo general no es significativo: para extraer una conclusión correcta, necesitamos ver qué ocurre al cabo de años, cosa que es habitualmente inviable por tiempo, recursos económicos e implicación del grupo estudiado.

Por estas razones, en nutrición muy a menudo nos basamos en epidemiologia; es decir, en el estudio de grupos de población sobre los que evaluamos uno o varios parámetros de salud y los relacionamos con una o más variables. Esos estudios son menos consistentes y la evidencia que arrojan es de nivel más bajo, porque no hay grupos controlados y aparecen multitud de variables que pueden afectar a los resultados y que no podemos controlar. Eso intenta paliarse cogiendo muestras muy grandes, que hacen que la estadística sea más representativa e intentando depurar al máximo los posibles factores de confusión, pero el problema no deja de estar ahí.

Por si fuera poco, además, en lo que a alimentación vegetariana se refiere, los estudios que tenemos corresponden en gran medida a países en desarrollo (India sobre todo, pero también otros países asiáticos y también algunos estudios en África) que no podemos usar para sacar conclusiones sobre población occidental porque las condiciones vitales de un grupo de personas en Senegal y las de otro grupo de personas en Italia no son comparables. Por ejemplo, existe un estudio de 2012, muy citado por todos aquellos que cargan contra la dieta vegetariana, en el que se concluye, tras estudiar a un grupo de 24 hombres, que la dieta vegetariana causa malnutrición, desnutrición proteica y otros diversos déficits nutricionales. El detalle es que es un estudio realizado en vegetarianos rurales de El Chad (12), país en el que, por desgracia, el acceso a alimentos no tiene comparación con el del mundo industrializado y no digamos a suplementos. ¿Esos hombres tenían déficits nutricionales porque eran vegetarianos o porque no tenían qué comer? ¿El problema era la dieta vegetariana o el contexto social? La comparación es tan absurda como si cogemos a un grupo de niños omnívoros de la zona con más hambruna de Etiopía y concluimos que la dieta omnívora causa desnutrición infantil. Nadie nos tomaría en serio, ¿verdad? Ya que el problema de que la desnutrición infantil presente gran prevalencia en Etiopía obedece a causas muy diferentes y que no son aplicables a niños del primer mundo. Pues algo tan absurdo se hace continuamente con los vegetarianos, incluso por parte de científicos de alto nivel.

El segundo escollo que tenemos es que no existen estudios en vegetarianos españoles. No los hay siquiera en vegetarianos de países de la cuenca mediterránea, que, por clima y disponibilidad de alimentos, serían más adecuados para sacar conclusiones respecto a nuestro país. Casi la totalidad de estudios que existen en vegetarianos del primer mundo se han realizado en EE.UU., Australia o el norte de Europa.

Así pues, antes de dar recomendaciones a vegetarianos españoles, es preciso pasarlas por el filtro de la adaptación cultural y de disponibilidad de alimentos, que es bastante distinta y que a menudo no se realiza. Y ello lleva a la entrega de pautas absurdas en nuestro entorno, nada personalizadas y que por tanto dificultan la adherencia. O a emitir consejos generales poco realistas en nuestro contexto o directamente inadecuados. Ni nuestra dieta es comparable a la alimentación habitual de EE.UU. (aunque cada vez nos parecemos más), ni nuestra cultura gastronómica y costumbres son las mismas, ni la disponibilidad de productos es igual, ni tenemos el mismo clima. Y al no existir recomendaciones específicas para población española vegetariana no nos queda más remedio que adaptar por nuestra cuenta las anglosajonas, que son las que más cerca nos quedan, cada uno en su consulta como buenamente pueda.

¿En España nadie les aconseja nada a los vegetarianos?

Pues casi que no.

En Estados Unidos, tanto la American Hearth Association como el Departament of Health del gobierno de EE.UU. declaran la dieta vegetariana como saludable y ofrecen consejos concretos dirigidos a esa población. La AND no está sola.

Fuera de EE.UU. también ofrecen consejo específico las asociaciones de dietistas canadienses, australianas, alemanas, británicas y, atención, portuguesas. Sí,

Portugal, nuestro país vecino, tiene en cuenta a los vegetarianos.

En España, sin embargo, salvo casos muy concretos, es una opción ignorada en todas las guías de salud o alimentación emitidas por organismos competentes. Las recomendaciones específicas para vegetarianos son muy escasas en las publicaciones de nuestro país. En el *Libro Blanco de la Nutrición en España* (13) apenas aparece una breve mención en referencia a la ingesta aconsejada de proteínas y al aumento de la demanda de menús vegetarianos en colectividades. En los programas nacionales dedicados a la nutrición y la prevención de la obesidad infantil, NAOS y PERSEO, no se hace la más mínima referencia a la población vegetariana.

En el *Manual práctico de nutrición en pediatría* de la Asociación Española de Pediatría (14) hay un capítulo dedicado a «Dietas no omnívoras en la edad pediátrica. Dietas alternativas: vegetarianas», pero resulta una excepción en las publicaciones de salud de nuestro país.

En el documento de información para población general editado por la Generalitat de Catalunya sobre alimentación en la primera infancia (0-3 años) se dan instrucciones específicas tanto a nivel general como para madres lactantes vegetarianas y se indica que esta dieta puede ser adecuada siempre y cuando esté bien compuesta. Sin embargo, y de manera completamente contradictoria, en la *Guía d'alimentació saludable a l'etapa escolar* editada por la misma entidad, se afirmaba que son aceptables los menús sin carne, pero no sin pescado, lácteos o huevos por ser potencialmente deficitarios en edad de crecimiento. Ambos documentos se contradecían entre sí, hasta que se actualizó el segundo en 2012 y se aprobaron los menús ovolactovegetarianos, con indicaciones específicas.

Ninguna otra guía de alimentación ha mostrado indicaciones específicas para población vegetariana. Tampoco desaconsejan esta opción dietética. Simplemente la ignoran. Como si no existiera.

Diversas ONG y asociaciones afines al vegetarianismo ofrecen sus propias versiones de guías de alimentación o pirámides vegetarianas que son, en muchos casos, bastante discutibles y poco acordes con la evidencia científica actual. Así que, en conjunto, a la hora de buscar información fiable sobre alimentación vegetariana en nuestro país, el panorama es desolador y se crea el caldo de cultivo perfecto para que gurús y personas sin ninguna formación difundan teorías pseudocientíficas impunemente gracias a la facilidad que hoy en día permiten el mundo virtual y las redes sociales, sin que la mayoría de los que los leen tenga, por desgracia, criterio suficiente para discernir la información de calidad de la que no lo es, y además no puedan acudir a ninguna fuente fiable de referencia.

A día de hoy nos encontramos con la dicotomía de que el vegetarianismo es una opción cada vez más conocida, a la que se le da voz a menudo en los medios de comunicación (muchas veces buscando el sensacionalismo, sí, pero por algo se empieza): hay artículos en prensa, se habla en la radio y sale por la televisión... O vemos cómo la industria alimentaria ha descubierto el filón, y la oferta de productos adaptados o dirigidos al colectivo no cesa de aumentar (si hasta hay helados de soja ¡de marca blanca!) y, sin embargo, es inexistente en las organizaciones científicas y sanitarias del país.

El colectivo sanitario se está quedando atrás. Hace falta ampliar los planes de estudio, hace falta disponer de recursos generales en sanidad para dar consejo a esta población. No es de recibo que en consultas de pediatría se les diga a los padres que es imprescindible que el niño coma pollo y pescado o va a tener carencias... Es una falta de actualización importante y, según el tono en el que se diga, además de ser mentira, es una falta de respeto ¿se lo dicen también a las familias hindúes que son vegetarianas por motivos religiosos? No hay consejo alimentario adaptado en ninguna situación y estoy hablando de esas terribles hojitas fotocopiadas que se dan en el Centro de Salud e incluso en atención especializada. Ni eso tenemos. Pero claro, es que también somos el único país de Europa sin dietistas-nutricionistas en la sanidad pública, así que es normal que el consejo alimentario que se da en nuestros servicios de salud sea tan anacrónico, obsoleto y en muchos casos equivocado para población general. No digamos para vegetarianos.

Ser vegetariano es fácil, si sabes cómo

En este panorama, es lógico que surjan muchas dudas en las mentes de aquellos que valoran pasarse al lado verde:

¿Cómo sustituyo el filete? ¿No me van a faltar proteínas? ¿Dónde compro todas esas cosas raras? ¿Es malo para mi niño? ¿Y cuándo me quede embarazada? ¿Tengo que cocinar muchísimo? ¿Cómo planifico un menú? ¿Es verdad que voy a engordar porque solo comeré carbohidratos? ¿O por el contrario me arriesgo

41

a sufrir desnutrición? ¿Qué se supone que debe aparecer en mi lista de la compra? ¿Cómo voy a hacer para comer fuera de casa? ¿Y cuando salga de viaje? ¿De qué me haré los bocadillos ahora? ¿Qué pasa con la vitamina B12? ¿Y el omega 3 del pescado?

Estoy segura de que algunas de estas preguntas han aparecido en tu mente con solo pensar en la posibilidad de llevar una alimentación vegetariana. Incluso si ya lo haces, es posible que alguna de ellas te siga rondando y no sepas darle respuesta. Voy a intentar que cuando llegues a la última página de este libro se hayan disipado tus dudas, tengas un montón de recursos bajo el brazo y además te lo hayas pasado bien.

Pero primero déjame decirte algo: si decides hacer solo el «lunes sin carne», estarás haciendo más que la mayoría. Si decides comer solo carne ecológica de proximidad y pescado local, estarás haciendo más que la mayoría. Si decides eliminar los cárnicos de tu desayuno y merienda, estarás haciendo más que la mayoría.

Si además decides aumentar tu consumo de alimentos de origen vegetal, estarás trabajando por tu salud actual y por tu salud futura. Si en algo hay pocas dudas en nutrición (y te aseguro que si en alguna disciplina científica hay dudas, lagunas, controversias y evidencia contradictoria es en ésta)… si en algo hay certeza, decía, es que, sea cual sea tu estilo de vida, una alimentación saludable pasa sin excepción por una dieta rica en verduras, hortalizas y frutas. Así que, si al final solo consigo que comas una fruta más al día y que aumente tu ración de verduras, también habrá valido la pena.

Y si no consigo que cambie nada en tu mesa, ni en

tu cesta de la compra, pero lo haces habiendo tomado una decisión informada y con criterio, también me doy por satisfecha. Porque para elegir libremente hay que tener la información en la mano. Si no, no es libertad. Es hacer las cosas como siempre se han hecho sin plantearse siquiera si están bien o no.

Pero espero, sobre todo, que este libro sirva para los que se animen a dejar de formar parte de la debacle a la que nos está llevando la alimentación típica occidental; para los que decidan usar conscientemente el privilegio de haber nacido en el primer mundo: un privilegio que le da poder para elegir qué tipo de producción de alimentos quieren apoyar y por qué clase de mundo quieren luchar.

BIBLIOGRAFÍA DEL CAPÍTULO 1

1. OMS. Informe sobre la situación mundial de las enfermedades no transmisibles. 2010.

2. Alimentos kilométricos. Las emisiones de C02 por la importación de alimentos al estado español: Ministerio de Agricultura, Alimentación y Medio Ambiente. Amigos de la Tierra; 2011.

3. FAO-ONU. La larga sombra del ganado Roma 2009 [Available from: http://www.fao.org/docrep/011/a0701s/a0701s00.htm.

4. Soret S, Mejia A, Batech M, Jaceldo-Siegl K, Harwatt H, Sabate J. Climate change mitigation and health effects of varied dietary patterns in real-life settings throughout North America. Am J Clin Nutr. 100 Suppl 1. United

States: 2014 American Society for Nutrition.; 2014. p. 490S-5S.

5. Sabate J, Sranacharoenpong K, Harwatt H, Wien M, Soret S. The environmental cost of protein food choices. Public Health Nutr2014. p. 1-7.

6. Encuesta ENIDE. Agencia Española de Seguridad Alimentaria y Nutrición (AESAN); 2011.

7. Council HR. Study of Current and Former Vegetarians and Vegans. 2014.

8. Research GS. Public Attitudes to Food. 2009.

9. Position of the American Dietetic Association and Dietitians of Canada: Vegetarian diets. J Am Diet Assoc. 2003;103(6):748-65.

10. Craig WJ, Mangels AR. Position of the American Dietetic Association: vegetarian diets. J Am Diet Assoc. 2009;109(7):1266-82.

11. Craig WJ, Mangels AR. Position of the American Dietetic Association: vegetarian diets. J Am Diet Assoc. 2016.

12. Ingenbleek Y, McCully KS. Vegetarianism produces subclinical malnutrition, hyperhomocysteinemia and atherogenesis. Nutrition. 2012;28(2):148-53.

13. Libro Blanco de la Nutrición en España. Fundación Española de la Nutrición (FEN); 2013.

14. VVAA. Manual Práctico de Nutrición en Pediatría: Comité de Nutrición de la AEP; 2007. 195-208 p.

Capítulo 2

NO SOMOS ESPECIALES,
O BUENO, UN POCO SÍ

> «It always seems to me
> You only see what people want you to see
> How long's it gonna be
> Before we get on the bus
> And cause no fuss
> Get a grip on yourself
> It don't cost much
> Free to be whatever you,
> whatever you like,
> if it's wrong or right it's alright».
> *Whatever*, Oasis

Antes de ponernos a pensar en nutrientes concretos, en cómo cubrir requerimientos de esto o de lo otro, paremos un momento. ¿Es ese el primer paso a la hora de dar consejo a una persona vegetariana? ¿Ponerse a calcular si cumplen con la ingesta dietética recomendada de cada mineral y vitamina? ¿Acaso lo hacemos con el resto de la población? ¿Creéis que todos aquellos que comen carne y pescado están automáticamente salvados de cualquier tipo de déficit nutricional? ¿O que las principales recomendaciones de alimentación saludable a ellos no les aplica?

Con los vegetarianos, como con todos, hay que empezar por el principio. Cubrir las bases antes de ponerse a hilar fino. Me inquieta ver que casi siempre que se da consejo general de alimentación a población vegetariana se pasa directamente a recomendarles gramos de proteína, raciones de alimentos ricos en calcio, en hierro y suplementos. Pero oye ¿y qué pasa con lo básico? ¿No habría que preocuparse más de los cimientos y menos de los microgramos?

Los vegetarianos, si son de este mundo, están expuestos a la misma publicidad, compran en el mismo supermercado lleno de productos poco saludables, tienen trabajos sedentarios de oficina y las mismas posibilidades que cualquiera de escuchar sandeces nutricionales en los medios y creérselas. Y, aparte, resulta que no comen animales.

El consejo alimentario dirigido a esta población debe empezar por el mismo lugar que empieza la del resto, porque el entorno es común, y porque los consejos básicos de alimentación saludable también son los mismos, esto es: come verduras, frutas y hortalizas, bebe agua, obtén proteínas y grasas de fuentes saludables y de calidad, evita todo lo que puedas los alimentos malsanos. Y poco más. Tan simple y tan complicado al mismo tiempo viviendo aquí y ahora.

Es cierto que también nos encontramos con otra corriente, la que apoya la teoría de que vegetariano es sinónimo de saludable y que solo por colgarse esta etiqueta su alimentación pasa a ser estupenda, sanísima e incluso protectora de todo mal. Y tampoco.

¿Por dónde empieza el consejo alimentario a una persona vegetariana?

Este punto es otro de los fijos cuando doy charlas: vamos a ver, estamos hablando de gente del primer mundo, con acceso a alimentos, que no pasan hambre. Cubriendo requerimientos calóricos dentro de una dieta sensata con pocos o ningún alimento insano, difícilmente van a tener problemas nutricionales.

La clave está en saber elegir, especialmente cuando la inmensa mayoría de productos que se venden en un supermercado cualquiera no deberían formar parte de una alimentación saludable. Y esto nos aplica a todos, no solo a los vegetarianos. En realidad a los vegetarianos les aplica un poco menos, porque tienen menos donde elegir, lo cual en este contexto puede ser una ventaja. No sabéis la cantidad de porquerías que nos quitamos directamente de en medio con un vegetariano, y con un vegano ni os cuento. Pero no están salvados, sigue habiendo gran cantidad de productos que son vegetarianos o incluso veganos y no deberían formar parte de la alimentación de nadie ¿un ejemplo? Los refrescos azucarados y gran parte de la bollería son veganos, las patatas fritas o *snacks* salados también. Y es que si os habíais creído aquello tan manido de que «hay que comer de todo», es hora de que lo vayáis olvidando. Aquí y ahora es mucho más importante saber qué no comer. Esto creo que ya os lo había dicho, pero es un mensaje importante, vale la pena repetirlo.

Y en cuanto a la otra vertiente, a los que piensan que solo por ser vegetariano un patrón de alimentación ya es saludable, les diré que tampoco, que poniendo en perspectiva el entorno en que vivimos y la enorme disponibilidad de productos insanos que podemos calificar de vegetarianos, es totalmente descabellado pensar que el mero hecho de dejar los productos de origen animal nos garantiza una buena dieta, ya que la posibilidad de hacer malas elecciones de alimentos sigue siendo muy alta.

Vegetarianos occidentales, lo primero es lo primero:

Entonces, ¿qué recomendaciones les hacemos de entrada a los vegetarianos del primer mundo? pues las mismas que cualquiera que viva en esta zona del planeta, rodeado de productos azucarados baratos, donde el sedentarismo es un problema de salud pública, donde la industria alimentaria tiene un poder que nunca vamos a poder igualar en materia publicitaria y donde la desinformación está a la orden del día, más si cabe en lo que a esta opción dietética se refiere.

Antes de hablarles de la vitamina D, del DHA o de la B12, ocupémonos de estos problemas:

Un bajo consumo de verduras, frutas y hortalizas. Y aquí muchos estaréis extrañados, ¡eh! ¿No hablamos de vegetarianos? ¿¿Cómo van a comer poca verdura?? ¿¿Acaso comen otra cosa??

Sí, comen otras cosas. Craso error dar por hecho que porque una persona sea vegetariana su consumo de fruta y verdura es adecuado. Igual que sucede con mucha otra gente, hay vegetarianos que desayunan tostadas con margarina y mermelada junto a un café con bebida de avena, a media mañana se toman unas Oreo, que son veganas, sí, con otro café, comen macarrones con tomate frito y de postre un yogur de soja de chocolate, por la tarde unas cañas con kikos de maíz y aceitunas, y cenan unas salchichas vegetales con patatas. Esto pasa.

Por tanto, el primer consejo alimentario que daríamos si tuviéramos que hablar a nivel general, es idéntico para todos, vegetarianos o no: «que las frutas, verduras y hortalizas sean la base de tu dieta, aquello que esté presente en mayor cantidad en tus platos, tu nevera y tu cesta de la compra». Este es un buen consejo universal, aunque tengamos pirámides obsoletas que siguen manteniendo una base de cereales, incluso de cereales refinados y hasta galletas, en la base, sí. Lo cierto es que pocas dudas caben a día de hoy de que ese primer escalón debería estar ocupado por verduras, hortalizas y frutas, y no por recomendaciones obsoletas o por intereses de la industria alimentaria.

La OMS no tiene ninguna duda al respecto y dice lo siguiente (1):

- Un consumo suficiente de frutas y verduras podría salvar hasta 1,7 millones de vidas cada año.
- La ingesta insuficiente de frutas y verduras es uno de los 10 factores principales de riesgo de mortalidad a escala mundial.
- Se calcula que la ingesta insuficiente de frutas y verduras causa en todo el mundo aproximadamente un 19 % de los cánceres gastrointestinales, un 31 % de las cardiopatías isquémicas y un 11 % de los accidentes vasculares cerebrales.

Y recomienda una ingesta mínima, subrayo «mínima», de 400 g diarios de fruta y verdura.

En España, según datos de la ENIDE (2) solo el 43 % de la población consume a diario hortalizas y solo el 37,8 % consume fruta cada día. Esos datos explican por sí mismos la importancia de insistir sobre este punto cada vez que abramos la boca para hablar de alimentación y salud. También a los vegetarianos.

Un alto consumo de productos ricos en azúcares añadidos. Si el azúcar no fuera de origen vegetal, cuántos problemas nos evitaríamos...

Y hago un inciso para desmentir un *veganbulo*: no, el azúcar no se blanquea con huesos de animales. Sigo. Aunque no es tema de este libro, como dietista-nutricionista no puedo desaprovechar de ninguna manera la oportunidad de cargar contra el azúcar. De manera radical, sí. Porque no está el mundo para no ser radical. Aquí os voy a copiar un párrafo que no es mío, es de mi amigo Luka (Luis Cabañas), de un *post* en su blog *Como Cuando Como* (www.comocuando-como.wordpress.com) titulado «¿Más papistas que el papa? Pues prende la fumata blanca», publicado el 9 de diciembre de 2015:

«Es tiempo de radicales, porque frente a nosotras y nosotros tenemos otros tantos miles de radicales que encima tienen dinero y están entrenados para vender:

'The food and beverage companies surveyed for this Report spent more than \$1.6 billion marketing their products to children and adolescents in 2006'. (3)

Ya está bien de dar mensajes promovidos (y enseñados a fuego) por quienes tienen más intereses: no hay que comer de todo, no hay que comer bollería; las galletas son bollería; los cereales de desayuno, también; hay alimentos buenos y malos. Y si bien prohibir puede no ser efectivo, crear conciencia es una necesidad imperante.

Seré más papista que el papa. Seré un radical. O un talibán. Sea lo que sea, sé lo que está en juego y quién tiene las de perder».

Cuando en España el consumo medio de azúcar es de 111,2 g al día. ¡Al día! (4) Mientras la OMS recomienda que no supere los 25 g, insisto, que no supere, yo creo que está justificado ponerse radical. El mensaje de los sanitarios de cara a la población general debe ser tajante e inequívoco. Cuanto menos azúcar añadido, mejor.

Solo en azúcar de mesa, es decir, el que viene en el paquete o en sobrecitos, sin contar el azúcar añadido a alimentos y bebidas que es la mayor parte, en España se consume una media 4,34 kg per cápita al año. Añadid otros 5,91 kg de bollería y pasteles, 3,25 kg de helados y tartas y 5,39 kg de galletas. Y lo bajamos todo con 42 l de refrescos y más de 10 l de zumos y néctares.

De legumbres, consumimos 3,14 kg al año. Sobran los comentarios.

Lo dice el Informe de Consumo de Alimentos en España del Ministerio de Agricultura, Alimentación y Medio Ambiente en 2014 (5). Es para llorar.

Y justifica totalmente, desde mi punto de vista, la lucha a capa y espada contra el consumo de productos azucarados por parte del colectivo sanitario en general y de los dietistas-nutricionistas en particular. «Comer de todo» hace tiempo que dejó de ser un buen consejo. Tercera vez que lo digo.

Cuando nos llaman radicales por sostener que las galletas y los dulces no se tienen que aconsejar con moderación, sino que simplemente no se tienen que aconsejar, yo siempre pienso lo mismo: radicales vosotros que con el panorama actual, las tasas de obesidad y sobrepeso, la prevalencia de enfermedades como la diabetes tipo 2 y los números de muertes causadas por accidente cardiovascular en la mano, dais un consejo que solo se puede calificar de irresponsable e insensato, y estoy siendo generosa.

Consumo alto de alimentos muy procesados. Es probable que no sepáis a qué me refiero con alimentos muy procesados, bien, son aquellos productos que han sufrido una transformación importante desde el estado original de las materias primas hasta el resultado final.

No todos los alimentos que sufren alguna transformación son insanos, en absoluto. El aceite de oliva es un alimento procesado, no encontramos aceite como tal en la naturaleza, es necesario prensar la aceituna. Un pan integral también lo es. La clave está en la palabra 'muy' y sobre todo en leer la lista de ingredientes. Ampliaremos el tema en el capítulo seis.

¿Por qué suelen ser alimentos insanos los altamente procesados? El principal motivo es que son productos puestos en el mercado por la industria alimentaria, la cual, salvo honrosas excepciones, pone el punto de mira en la rentabilidad, no en la salubridad. Es decir, le interesa poner a nuestro alcance productos de precio muy asequible, en los que además quiere ganar un amplio beneficio por lo que usará la materia prima más barata posible, y con una alta palatabilidad, que nos parezcan ricos, para que no dejemos de comprarlos,

Y ¿qué reúne todas esas características? Pues es sencillo, la harina refinada, el azúcar, la sal y las grasas de mala calidad. Todos ellos son ingredientes absurdamente baratos, que se conservan mucho tiempo y que estimulan eficazmente nuestras papilas gustativas. Gol.

Otra cosa que también tienen en común esos cuatro productos es ser ingredientes poco saludables y que deberíamos limitar o incluso evitar en nuestra dieta ya que están directamente relacionados con las posibilidades de sufrir las típicas enfermedades no transmisibles del primer mundo: obesidad, diabetes tipo 2, hipertensión, síndrome metabólico, accidentes cardiovasculares, dislipemias, cáncer, etc.

Beber habitualmente cosas distintas del agua. Sean refrescos, zumos, batidos, bebidas vegetales azucaradas, bebidas «para deportistas», cafés o infusiones azucaradas o, por supuesto, alcohol.

El agua es la bebida de referencia. Nada la mejora. Ni un licuado verde con tropecientas promesas de detoxificación, ni un zumo repleto de vitaminas. Y no, beber refrescos *light* o *zero* no es igual que beber agua. Y tampoco, una copa de vino al día no es buena para el corazón. Y ni de broma la cerveza es una bebida adecuada para recuperarse del esfuerzo deportivo. No, no, no y no.

Cada vez que le quitamos a la fruta o a la verdura la mayor parte de su fibra para hacer un licuado o un zumo, estamos perdiendo tanto nutrientes como beneficios derivados del efecto metabólico que esa fibra tiene en nuestro organismo. Desde un punto de vista nutricional es absurdo licuar hortalizas y retirar parte de la pulpa y también lo es hacerlo con frutas. Y no, un zumo de naranja sin colar no tiene toda la fibra, la fibra está en esa media cáscara llena de pellejos que tiras a la basura, lo que ha caído en el vaso es irrelevante.

¿Y el alcohol? Seré breve: cuanto menos mejor. No hay evidencia seria para recomendar ninguna cantidad de alcohol, en cambio la hay a montones para desaconsejarlo. Los consejos de tomar vino tinto por su poder antioxidante o porque previene enfermedades cardiovasculares tienen detrás a una industria poderosa, no a intereses de salud pública.

¿Sabéis qué dice la OMS sobre el alcohol? Os lo copio (6):

«El alcohol es teratogénico, neurotóxico, adictivo, inmunosupresor, perjudicial para el sistema cardiovascular, carcinogénico y aumenta el riesgo de muerte».

Por no hablar de los refrescos azucarados, cuyos datos de consumo hemos visto antes y que gracias a las estupendas campañas de *marketing*, las empresas que los producen, gozan de una salud excelente a costa de la nuestra.

Sedentarismo y tabaquismo. Sé que esto no son problemas nutricionales, sino estilo de vida, pero no quiero dejar de señalarlo. Alimentación saludable y actividad física siempre tienen que ir de la mano, uno queda cojo sin el otro.

Y qué decir del tabaco que no sepáis ya. Hay pocas cosas más absurdas que querer llevar una dieta detoxificante o preocuparse por los pesticidas de la fruta mientras se fuma una cajetilla al día. Y pasa.

Es cierto que la población vegetariana a menudo suele llevar un estilo de vida más saludable, hace más ejercicio e incluso come mejor porque está más informada. O eso nos indican los estudios sobre grandes muestras de población. Pero también es cierto que el aumento del número de vegetarianos trae consigo un aumento de la variabilidad y la casuística de las personas que incluimos en este grupo, y cada vez se diluye más el prototipo de vegetariano típico. Por lo que toma más sentido si cabe empezar los consejos alimentarios por el principio.

Esos cinco puntos anteriores, tan simples y tan básicos, pero a la vez tan complicados de llevar a cabo tanto por la oferta de comida que nos rodea, como por la cantidad de mensajes sobre alimentación que nos llegan sesgados por la industria, son los primeros que debemos asegurar en la alimentación o estilo de vida de cualquiera. Otra aproximación es empezar la casa por el tejado. Solo cuando nos aseguremos de que tenemos esos cimientos bien construidos y sólidos tiene sentido ponerse con el encaje fino. Así que si estáis preocupados por los miligramos de calcio que consumís o por si tomáis suficiente zinc, pero coméis poca verdura, mucho producto azucarado, bebéis zumos y vino en las comidas, vuestra nevera contiene sobre todo cosas empaquetadas y no hacéis ejercicio, la preocupación la tenéis mal enfocada.

Los nutricionistas estamos acostumbrados, en consulta, a cosas como que venga un deportista para que le pautes suplementación, y no entienda por qué antes quieres revisar su dieta, o a la persona que quiere perder peso y no entiende por qué le das más importancia a qué come que a cuánto come, o lo que es lo mismo, primar la calidad y luego ya hablaremos de la cantidad. O los padres preocupados porque el niño no come que no conciben que les sugieras que es mejor que no se termine la leche si para conseguirlo le ponemos tres cucharadas de cacao soluble azucarado. Pero es que eso son los cimientos, no podemos construir nada sin ellos.

Siempre, antes de ponernos con los detalles, primero hay que revisar las bases, los mínimos, ver que se están cumpliendo. Y lo ideal es que el trabajo empiece por ahí. A los suplementos, las cantidades o los mejores yogures del supermercado, ya llegaremos, si es necesario. Primero lo importante.

Exactamente igual con una persona vegetariana. Antes de pensar en si toma suficientes proteínas, si tendrá anemia o si le falta selenio, mucho antes que eso, cubre las bases. Tanto si eres un profesional sanitario como si eres una persona vegetariana preocupada por comer bien. Primero los cimientos, construir sobre ellos es mucho más sencillo, efectivo y duradero que construir sobre el aire.

Y ¿qué tienen ellos que no tenga yo?

Dicho esto, voy a pasar a las buenas noticias. Y voy a hablar solo de salud, que al fin y al cabo es mi campo profesional.

En el primer capítulo he listado algunos de los motivos por los que la gente es vegetariana, no todos, ya que eso sería imposible porque puede haber tantos como personas que sigan esta opción dietética, pero sí los más habituales, y hemos visto que a pesar de lo que se suele pensar no es la salud la principal motivación del colectivo, o no al menos la de la mayor parte. Y encima ahora que os he dicho también que los vegetarianos tienen que ocuparse en primer lugar de lo mismo que el resto de la población en temas de alimentación, no quisiera que empezarais a pensar que realmente son un colectivo sin ninguna ventaja personal que simplemente se sacrifica por unos ideales. Que somos majos, pero no tanto.

Es cierto que la población vegetariana tiene factores

de riesgo en algunos problemas de salud asociados con su tipo de alimentación que la población general no tiene. El riesgo claro e indiscutible de déficit superior al de la población general es sin duda el de B12 y sus problemas asociados. Pero es tan fácilmente salvable que no supone ningún escollo. El problema lo suponen las falsas ideas e informaciones que se difunden al respecto, la cantidad de mitos y la falta de conocimiento de los sanitarios. Pero no voy a decir nada más ahora, tenéis algo más adelante un capítulo dedicado en exclusiva a este tema apasionante que tantas discusiones internas provoca en los grupos vegetarianos y que tanto congratula a los *veganhaters*.

Dicho esto, también es muy cierto que el vegetariano medio comparado con el occidental medio puede apuntarse en su lista unas cuantas ventajas de salud. Aquí, para ser justos, hay que asumir que la dieta occidental es tan mejorable que podríamos decir que siempre pierde, la compares con lo que la compares. Comer arena probablemente mejoraría parámetros de salud frente a la típica dieta occidental (*western diet*) que se caracteriza por todo lo malo que hemos dicho antes: baja ingesta de alimentos de origen vegetal, alta de azúcar y grasas de mala calidad, con abundancia de productos muy procesados, etc. Vamos, que con esas premisas, lo difícil es empeorarla, francamente.

Pero la dieta vegetariana no solo consigue salir victoriosa en una batalla ganada de antemano como es la comparación con la dieta occidental, cosa que no tiene mérito alguno. A nivel terapéutico ha conseguido mejores resultados que dietas omnívoras con diseño específico para alguna patología concreta, como por

ejemplo diabetes y también resiste con holgura cuando la comparación es con una dieta saludable (*healthy diet*) o cuando se eliminan variables de confusión como podrían ser factores relacionados con el estilo de vida y no con la dieta como la ausencia de tabaquismo o la mayor actividad física. Sí, parece que en general los vegetarianos tienen más tendencia a llevar un estilo de vida saludable y esto se usa como argumento muy a menudo cuando se quiere hacer de menos a esta opción dietética: «no es por la dieta, es por el estilo de vida». Yo diría «no solo es por la dieta, también es por el estilo de vida», qué duda cabe…

Pero queréis datos, ¿verdad?, pues veamos cómo van los vegetarianos de riesgo de mortalidad:

En 1999 se publicó un metaanálisis comparando la mortalidad de vegetarianos y no vegetarianos basado en los estudios disponibles hasta esa fecha tanto de EE.UU. como de Europa (7). Según ese trabajo, los veganos tienen un 24 % menos de riesgo de sufrir una isquemia cardiaca que los que comen carne regularmente, los ovolactovegetarianos un 34 % menos, y el mismo riesgo que los no vegetarianos de sufrir derrame cerebral y cáncer. Por su parte los ovolactovegetarianos (más de 23.000) tienen según ese metaanálisis, un 38 % menos de posibilidades de morir por cáncer de pulmón, un 34 % menos de morir de enfermedad cardiaca y un 15 % menos de mortalidad global que los que comen carne al menos una vez a la semana.

Los veganos (753 personas) no mostraron diferencias destacables en tasas de mortalidad respecto a los que comen carne al menos una vez a la semana.

A este respecto cabe señalar que en la época en que

se hicieron muchos de los estudios analizados en esta revisión, la necesidad de suplementar la B12 no era bien conocida, lo que explica los mejores resultados de los ovolactovegetarianos.

Un poco después, en 2002, se publicó un nuevo estudio sobre la mortalidad de los vegetarianos británicos basado en el *Health Food Shoppers Study* y el *Oxford Vegetarian Study* (8) que concluía lo siguiente:

«British vegetarians have low mortality compared with the general population. Their death rates are similar to those of comparable non-vegetarians, suggesting that much of this benefit may be attributed to non-dietary lifestyle factors such as a low prevalence of smoking and a generally high socioeconomic status, or to aspects of the diet other than the avoidance of meat and fish».

Es decir, que atribuye la menor mortalidad en vegetarianos a factores relacionados con el estilo de vida más que a factores dietéticos, como comentábamos hace algunos párrafos.

Seguimos avanzando en la primera década del siglo XXI, en 2005 se publica un estudio sobre vegetarianos alemanes, el *Heidelberg Study* (9) que saca conclusiones similares (menor mortalidad relacionada con estilo de vida), aunque hay que tener en cuenta que este estudio no comparaba vegetarianos y población general, sino vegetarianos y «personas concienciadas con la salud» que comían muy poca carne. Es decir, aun cuando se compara con una dieta omnívora saludable, la vegetariana sigue sin acusar el golpe, mal que les cueste a muchos reconocerlo.

Pero no todo es de hace más de diez años, disponemos también de un metaanálisis más reciente, de 2012, de Huang *et al* (10) sin embargo sus resultados son menos concluyentes puesto que incluía «semivegetarianos» en los grupos de vegetarianos y en los grupos de control. Aun así, sus conclusiones son que los vegetarianos tienen un riesgo un 29 % más bajo de mortalidad por isquemia cardiaca y un 18 % menos de riesgo de padecer cáncer que los no vegetarianos.

Y llegamos a 2013, con el AHS-2 (*Adventists Health Study 2*) (11) en el que se concluye que: «vegetarian diets are associated with lower all-cause mortality and with some reductions in cause-specific mortality. Results appeared to be more robust in males. These favorable associations should be considered carefully by those offering dietary guidance».

Es decir, otra vez menor mortalidad en vegetarianos, especialmente en hombres, aunque se apela a la precaución a la hora de ofrecer consejo dietético.

En junio de 2014, un estudio sobre diferentes patrones de alimentación en Estados Unidos (12) observa que las dietas veganas son el patrón con menor mortalidad y menor emisión de gases con efecto invernadero, concretamente, una emisión un 29 % inferior a la de las dietas no vegetarianas. Doble gol.

Muy recientemente, en diciembre de 2015, otro trabajo británico concluye que vegetarianos y no vegetarianos tienen similar mortalidad por todas las causas (13), y en el mismo mes se publica otro estudio más que analiza la salud de los vegetarianos a largo plazo y dice (14):

«Vegetarians have a lower prevalence of overweight and obesity and a lower risk of IHD compared with non-vegetarians from a similar background, whereas the data are equivocal for stroke. For cancer, there is some evidence that the risk for all cancer sites combined is slightly lower in vegetarians than in non-vegetarians, but findings for individual cancer sites are inconclusive. Vegetarians have also been found to have lower risks for diabetes, diverticular disease and eye cataract. Overall mortality is similar for vegetarians and comparable non-vegetarians, but vegetarian groups compare favourably with the general population. The long-term health of vegetarians appears to be generally good, and for some diseases and medical conditions it may be better than that of comparable omnivores. Much more research is needed, particularly on the long-term health of vegans».

Es decir, resume la evidencia hasta la fecha sobre diferentes patologías y añade lo que ya sabíamos: los vegetarianos salen ganando cuando se les compara con población general, y quedan como mucho en tablas cuando se ajustan algunas variables de estilo de vida. Añade que la salud a largo plazo de los vegetarianos «parece en general buena y para algunos trastornos y condiciones médicas podría ser mejor que la de los omnívoros». Como siempre, termina diciendo que se necesita más investigación, especialmente en veganos. Pero, sinceramente, no parece que pinte mal.

De hecho, el último estudio sobre el tema publicado antes de mandar a imprenta este libro, en febrero de 2016, es una revisión sistemática que concluye que existe un efecto protector significativo de la dieta vegetariana en relación a la incidencia y mortalidad por isquemia cardiaca, un 25 % menos, y en incidencia total del cáncer, un 15 % menos en veganos y un 8 % menos en vegetarianos (15).

Hipertensión, diabetes, patología cardiaca y otros

En otro de los estudios de los adventistas del séptimo día (AHS) (16), que son un grupo religioso de Estados Unidos que llevan una dieta vegetariana en su mayoría y por ello son una buena muestra para observar los efectos a largo plazo en occidentales, se muestran datos recogidos entre 1976 y 1988 de 34.192 participantes de los cuales el 29 % eran ovolactovegetarianos y entre el 7 y el 10 % veganos. Los resultados muestran que los vegetarianos tienen la mitad de hipertensión y diabetes que los no vegetarianos, y dos tercios menos artritis reumatoide.

Por su parte, en Europa, el estudio EPIC-Oxford (European Prospective Investigation into Cancer and Nutrition) valoró la incidencia de patología cardiaca en vegetarianos británicos de 1993 a 2009 (17), los vegetarianos tuvieron aproximadamente un 30 % menos de incidencia de patología cardiaca que los no vegetarianos, así como menores tasas de colesterol sérico y una presión sanguínea más baja. Estos resultados se obtuvieron tras tener en cuenta tanto el índice de masa corporal (IMC) como la edad, el nivel educativo y sociocultural, y el estilo de vida (tabaquismo, consumo de alcohol, actividad física). También se tuvo en cuenta en mujeres el consumo de píldoras anticonceptivas o el uso de terapia hormonal sustitutiva. Es decir, se valoraron posibles causas de esos resultados que no fueran estrictamente dietéticas. Y una vez más, aun teniendo en cuenta variables de confusión, los vegetarianos salen bien parados. Como decíamos, parece que no solo es estilo de vida, sino que el tipo de dieta tiene algo que ver.

El EPIC-Oxford también concluyó, tras un seguimiento de más de once años, que los vegetarianos tenían un riesgo 31 % veces menor que los no vegetarianos de sufrir diverticulitis (18) así como un 40 % menos de riesgo de cataratas en veganos que en aquellos que consumían más de 100 g de carne al día. (19).

Otro estudio de 2013 que analiza la relación entre dieta vegana e hipotiroidismo concluye que la dieta vegana se asocia a menor riesgo de hipotiroidismo. (20)

Respecto a la diabetes, los resultados son más que interesantes: en 2010 los investigadores Trapp y Barnard (21) dijeron que las dietas vegetarianas, especialmente las veganas, presentaban beneficios en la prevención y el manejo de la diabetes tipo 2 y que esto debería ser tomado en cuenta por los sanitarios. En 2013 y volviendo al AHS-2, otro trabajo concluye que la dieta vegetariana y la vegana se asocian a un menor riesgo sustancial e independiente de sufrir diabetes (22). Y ya en 2014 se publica un nuevo estudio que viene a corroborar la protección que ofrece la dieta vegana frente a la diabetes (23),considerándola una alternativa de tratamiento a tener en cuenta para pacientes con esta patología por mostrar mejores resultados que la dieta propuesta por la American Diabetic Association y la del National Cholesterol Education Program a la hora de controlar la glucemia y mejorar el perfil lipídico. Es decir, la dieta vegana mejora los resultados de la dieta omnívora específicamente diseñada para un tratamiento nutricional concreto. Golazo.

Por último, ya en 2015, se publica una revisión sobre dieta vegetariana en la prevención y el tratamiento de la diabetes de tipo 2 (24) que no hace sino apoyar los resultados anteriores: «We found a greater reduction in visceral fat and greater improvements in insulin resistance and oxidative stress markers with a vegetarian compared to a conventional hypocaloric diabetic diet. Vegetarian diets are sustainable in the long term and may elicit desirable improvements not only in physical health but also in mental health». Dicen que han encontrado una importante reducción de la grasa visceral y una mejora de la resistencia a la insulina, así como mejores marcadores en relación al estrés oxidativo con la dieta vegetariana que con la dieta convencional usada en diabetes. Y añaden que la dieta vegetariana es sostenible a largo plazo y que además de en la salud física puede influir positivamente en la mental. Ahí es nada.

En relación a la presión arterial, un metaanálisis de febrero de 2014, concluye lo siguiente: «Consumption of vegetarian diets is associated with lower BP. Such diets could be a useful nonpharmacologic means for reducing BP». (BP= blood pressure) (25). O sea, que la dieta vegetariana se asocia con menos presión arterial y puede usarse como tratamiento no farmacológico en la hipertensión.

¿Por qué no estamos ya usando dietas veganas como dietas terapéuticas? Me pregunto.

Peso:

En la prevención del sobrepeso y la obesidad las dietas vegetarianas tampoco salen nada malparadas, me remitiré solo a tres estudios recientes, todos de 2015: el primero es una revisión de RCT, es decir, de estudios de intervención, cuya evidencia es más fuerte que la de los epidemiológicos, y concluye que la dietas vegetarianas parecen tener beneficios significativos en la reducción de peso en comparación con las no vegetarianas (26).

Otro metaanálisis revisa la evidencia sobre los cambios en el peso corporal de los vegetarianos y dice que la prescripción de dietas vegetarianas tiene valor potencial en las recomendaciones de pérdida de peso, tanto en prevención como en tratamiento del sobrepeso (27). Y aquí estamos, quitando las legumbres porque engordan, ya veis.

Y por último, un estudio analiza la adherencia (capacidad de mantener un tipo de dieta a largo plazo) a diferentes tipos de dietas para perder peso (28) y concluye que la elección de dieta no afecta a la adherencia a los seis meses (es decir, la vegetariana no parece que presente dificultades de mantenimiento) y que los que seguían la dieta vegetariana pierden más peso.

Y aún hay compañeros míos que les dicen a sus pacientes vegetarianos que no pueden bajar de peso con su dieta porque se consumen demasiados hidratos y que es imprescindible que coman carne y pescado a la plancha. Eso es no haberse actualizado en un siglo, porque repito que esos tres estudios, son solo de 2015.

Cáncer:

Respecto a la relación de la dieta vegetariana y el cáncer, un estudio de 2013 con más de 69.000 participantes concluye textualmente: «Vegetarian diets seem to confer protection against cancer» (29) resultando una dieta especialmente protectora del cáncer intestinal y siendo las dietas veganas las que ofrecen mayor protección. Y ojo, este estudio se realiza en población con bajo riesgo de cáncer, es decir, no estamos comparando vegetarianos y población general, si no vegetarianos y población de bajo riesgo. Es decir, de nuevo, se tienen en cuenta variables de estilo de vida y no solo dietéticas.

En junio de 2014 una nueva publicación del EPIC-Oxford (30) que abarca casi 50.000 personas concluye literalmente: «In this British population, the risk of some cancers is lower in fish eaters and vegetarians than in meat eaters». Que traducido significa que entre los británicos los vegetarianos y los pescetarianos (ya estamos confundiendo…) tienen menor riesgo de algunos cánceres que los que comen carne.

Bien, como resumen, los estudios muestran que las personas vegetarianas tienen menor riesgo cardiovascular, menos diabetes, presión arterial más baja, un IMC menor que implica menores tasas de obesidad y menor incidencia de cáncer de colon, menos riesgo de padecer cataratas y problemas de tiroides.

También es cierto que se trata en la mayoría de casos de estudios observacionales (aunque con muestras amplias) y que además la población vegetariana tiende a llevar un estilo de vida saludable con baja incidencia de tabaquismo, menor consumo de alcohol y más actividad física. Pero hemos visto estudios en los que teniendo en cuenta esas variables, el grupo vegetariano seguía sobresaliendo, así que no se puede afirmar que los buenos resultados de esta población sean únicamente atribuibles a su mejor estilo de vida.

Hacen falta más estudios para llegar a conclusiones más concretas, sí, en nutrición casi siempre llegamos a este punto, ya os comenté en el primer capítulo las dificultades que entraña hacer investigación sobre tipos de dieta. Pero por el momento sí que parece probado que una dieta rica en alimentos de origen vegetal (*plant based diet*) ofrece ventajas sobre la salud comparada con una dieta rica en carnes. Eso como mínimo es indiscutible.

Así mismo, podemos afirmar que las personas vegetarianas que siguen una dieta suficiente y saludable tienen una salud al menos tan buena como la de las personas omnívoras que llevan una dieta suficiente y saludable. Y estoy siendo exquisitamente prudente y moderada, insisto.

BIBLIOGRAFÍA DEL CAPÍTULO 2

1. OMS | Fomento del consumo mundial de frutas y verduras. WHO. 2013.

2. (AESAN) AEdSAyN. Encuesta ENIDE. 2011.

3. Commission FT. Marketing Food to Children and Adolescents. A Review of Industry Expenditures, Activities, and Self-Regulation. 2008.

4. (Coordinador) JSS, Bermudo FM, Muñoz EMdV, Segura CP, Carou MCV, Externo) AGHC, et al. Informe del Comité Científico de la Agencia Española de Seguridad Alimentaria y Nutrición (AESAN) sobre criterios para incentivar la disminución del contenido de determinados nutrientes en los alimentos transformados, cuya reducción es de interés para la salud pública. AESAN-2011-008.

5. Ministerio de Agricultura AyM. Informe del Consumo de Alimentacion en España 2014.

6. Europe WROf. Alcohol in the European Union. Comsumption, harm and policy aproaches. 2011.

7. Key TJ, Fraser GE, Thorogood M, Appleby PN, Beral V, Reeves G, et al. Mortality in vegetarians and nonvegetarians: detailed findings from a collaborative analysis of 5 prospective studies. Am J Clin Nutr. 1999;70(3 Suppl):516s-24s.

8. Appleby PN, Key TJ, Thorogood M, Burr ML, Mann J. Mortality in British vegetarians. Public Health Nutr. 2002;5(1):29-36.

9. Chang-Claude J, Hermann S, Eilber U, Steindorf K. Lifestyle determinants and mortality in German vegetarians and health-conscious persons: results of a 21-year follow-up. Cancer Epidemiol Biomarkers Prev. 2005;14(4):963-8.

10. Huang T, Yang B, Zheng J, Li G, Wahlqvist ML, Li D. Cardiovascular disease mortality and cancer incidence in vegetarians: a meta-analysis and systematic review. Ann Nutr Metab. 2012;60(4):233-40.

11. Orlich MJ, Singh PN, Sabate J, Jaceldo-Siegl K, Fan J, Knutsen S, et al. Vegetarian dietary patterns and mortality in Adventist Health Study 2. JAMA Intern Med. 2013;173(13):1230-8.

12. Soret S, Mejia A, Batech M, Jaceldo-Siegl K, Harwatt H, Sabate J. Climate change mitigation and health effects of varied dietary patterns in real-life settings throughout North

America. Am J Clin Nutr. 100 Suppl 1. United States: 2014 American Society for Nutrition; 2014. p. 490S-5S.

13. Appleby PN, Crowe FL, Bradbury KE, Travis RC, Key TJ. Mortality in vegetarians and comparable nonvegetarians in the United Kingdom. Am J Clin Nutr. 2015.

14. Appleby PN, Key TJ. The long-term health of vegetarians and vegans. Proc Nutr Soc. 2015:1-7.

15. Dinu M, Abbate R, Gensini GF, Casini A, Sofi F. Vegetarian, vegan diets and multiple health outcomes: a systematic review with meta-analysis of observational studies. http://dxdoiorg/101080/1040839820161138447. 2016.

16. Fraser GE. Associations between diet and cancer, ischemic heart disease, and all-cause mortality in non-Hispanic white California Seventh-day Adventists. Am J Clin Nutr. 1999;70(3 Suppl):532s-8s.

17. Crowe FL, Appleby PN, Travis RC, Key TJ. Risk of hospitalization or death from ischemic heart disease among British vegetarians and nonvegetarians: results from the EPIC-Oxford cohort study. Am J Clin Nutr. 2013;97(3):597-603.

18. Crowe FL, Appleby PN, Allen NE, Key TJ. Diet and risk of diverticular disease in Oxford cohort of European Prospective Investigation into Cancer and Nutrition (EPIC): prospective study of British vegetarians and non-vegetarians. Bmj. 2011;343:d4131.

19. Appleby PN, Allen NE, Key TJ. Diet, vegetarianism, and cataract risk. Am J Clin Nutr. 2011;93(5):1128-35.

20. Tonstad S, Nathan E, Oda K, Fraser G. Vegan diets and hypothyroidism. Nutrients. 2013;5(11):4642-52.

21. Trapp CB, Barnard ND. Usefulness of vegetarian and vegan diets for treating type 2 diabetes. Curr Diab Rep. 2010;10(2):152-8.

22. Tonstad S, Stewart K, Oda K, Batech M, Herring RP,

Fraser GE. Vegetarian diets and incidence of diabetes in the Adventist Health Study-2. Nutr Metab Cardiovasc Dis. 2013;23(4):292-9.

23. Trepanowski JF, Varady KA. Veganism Is a Viable Alternative to Conventional Diet Therapy for Improving Blood Lipids and Glycemic Control. Crit Rev Food Sci Nutr. 2015;55(14):2004-13.

24. Kahleova H, Pelikanova T. Vegetarian Diets in the Prevention and Treatment of Type 2 Diabetes. J Am Coll Nutr. 2015;34(5):448-58.

25. Yokoyama Y, Nishimura K, Barnard ND, Takegami M, Watanabe M, Sekikawa A, et al. Vegetarian diets and blood pressure: a meta-analysis. JAMA Intern Med. 2014;174(4):577-87.

26. Huang RY, Huang CC, Hu FB, Chavarro JE. Vegetarian Diets and Weight Reduction: a Meta-Analysis of Randomized Controlled Trials. J Gen Intern Med. 2015.

27. Barnard ND, Levin SM, Yokoyama Y. A systematic review and meta-analysis of changes in body weight in clinical trials of vegetarian diets. J Acad Nutr Diet. 2015;115(6):954-69.

28. Moore WJ, McGrievy ME, Turner-McGrievy GM. Dietary adherence and acceptability of five different diets, including vegan and vegetarian diets, for weight loss: The New DIETs study. Eat Behav. 2015;19:33-8.

29. Tantamango-Bartley Y, Jaceldo-Siegl K, Fan J, Fraser G. Vegetarian diets and the incidence of cancer in a low-risk population. Cancer Epidemiol Biomarkers Prev. 2013;22(2):286-94.

30. Key TJ, Appleby PN, Crowe FL, Bradbury KE, Schmidt JA, Travis RC. Cancer in British vegetarians: updated analyses of 4,998 incident cancers in a cohort of 32,491 meat eaters, 8,612 fish eaters, 18,298 vegetarians, and 2,246 vegans. Am J Clin Nutr. 2014;100 Suppl 1:378s-85s.

Capítulo 3

TE VAN A FALTAR NUTRIENTES...
De proteínas, hierro, calcio
y vitamina D

Es muy probable que si eres o quieres ser vegetariano oigas la frase del título de este capítulo, dirigida a ti, con frecuencia. Y dicha con total seguridad por parte de gente que no tiene la menor formación en temas de salud o de nutrición. Incluso a pesar de que tú seas nutricionista. Porque sí, es una verdad universal del cuñadismo. Lo sabe todo el mundo. Te van a faltar nutrientes. Ya está.

Si preguntas «¿qué nutrientes?» Tienes un 90 % de posibilidades de que te contesten «proteínas» (probablemente, esa persona ni siquiera sabe qué es un aminoácido) y muchos añadirán también el hierro» porque todo el mundo sabe que hay que comer carne roja para no tener anemia. El 10 % restante se encogerá de hombros y dirá «no sé, vitaminas y eso. Hay que comer de todo» mientras te mira complacido con su erudición.

Y perdón por una introducción tan pesimista, pero es mejor ir preparado. Nadie se preocupa de la glucemia en sangre del compañero de mesa que pide un refresco con la comida, ni del riesgo aumentado de cáncer de colon del que considera que una hoja de lechuga es una ración de verdura para tres días. Ni de los problemas de salud asociados a los 20 kilos de exceso de peso del que, tras una jornada de oficina en la que solo se ha levantado para ir al baño, se pide unos espaguetis carbonara para comer, *brownie* de postre y carajillo. Ni de la falta de información sobre alimentación saludable que tiene quien manda a sus hijos al cole con un zumo y un Bollycao. Pero tú eres vegetariano y te van a faltar nutrientes. Y es importante que te lo digan a la menor ocasión. Es por tu bien.

Pero ¿me van a faltar nutrientes o no?

Sí, te va a faltar un nutriente. La vitamina B12. Es la única suplementación obligatoria en una dieta vegetariana. Y no me voy a extender más aquí sobre ella porque el capítulo cinco se lo he dedicado íntegro, para que no te quede ninguna duda al respecto. Como dice mi amiga Olga cada vez que escribo algún artículo o texto sobre la B12, «solo nos falta componer *La B12: el musical*». Cuánto ganaríamos si toda la población vegetariana occidental estuviera concienciada sobre este tema… así que por insistir en ello que no quede, pero, como os decía, será en el capítulo cinco.

Cualquier otra suplementación dependerá del caso y deberá ser evaluada de forma individual por un profesional. Sí, exactamente igual que con la población que lleva una dieta tradicional.

Ni el hierro, ni la vitamina D, ni el omega 3, ni el zinc, ni la vitamina A… ninguno debe suplementarse por defecto en una alimentación vegetariana. Solo cuando sea necesario. En algunos de estos micronutrientes es común que se presente un déficit, como el hierro o la vitamina D, pero lo es en toda la población, no solo en la vegetariana.

Sí, vale, pero ¿y las proteínas?

¿Sabemos lo que es una proteína? Probablemente no. Las proteínas son sustancias nitrogenadas compuestas por cadenas de aminoácidos y son imprescindibles para multitud de funciones: aunque la más conocida es el mantenimiento de los tejidos corporales, también forman parte del sistema inmune y de muchas enzimas, hacen funciones de transporte de otras sustancias e incluso pueden ser usadas como sustrato energético, aunque nuestro organismo tiene preferencia por los carbohidratos para esa tarea.

Es difícil que un vegetariano que cubra sus requerimientos energéticos y con acceso a alimentos (como sucede en el primer mundo) tenga un déficit proteico. Vaya esto por delante. Incluso las personas crudiveganas, que serían la facción más extrema del veganismo, suelen cubrir sus necesidades con unas precauciones mínimas.

Evidentemente, si además de ser vegetarianos, llevamos una dieta muy restrictiva (por ejemplo, solo comemos fruta) o muy hipocalórica, tenemos un trastorno de la conducta alimentaria o nuestros requerimientos están muy elevados (por ejemplo, un atleta de élite) y no cuidamos bien de nuestra dieta, podemos tener un déficit. Pero en todos esos casos mencionados, la posibilidad de estar consumiendo menos proteínas de las necesarias también se aplica a una dieta omnívora.

¿Cuánta proteína necesitamos? Según datos de la EFSA (European Food Safety Authority) publicados en 2012 y actualizados en 2015 (1) los requerimientos de proteína en población europea son de 0,83 gramos por kilo de peso y día para adultos y ancianos sanos. Aunque sabemos que cantidades más altas de proteínas son seguras e incluso recomendables en muchos casos, estamos hablando de mínimos.

La EFSA no da ninguna indicación específica para vegetarianos, pero sí que señala en varias ocasiones a lo largo del documento que la cifra de 0,83 gramos por kilo al día es adecuada tanto para «dietas con proteína de alta calidad como para dietas mixtas» (*mixed diets*). No sé muy bien qué entiende la EFSA por «dietas mixtas», pero puesto que lo contrapone a «dietas con proteína de alta calidad» no es descabellado suponer que está incluyendo a los vegetarianos en esa denominación, puesto que su perfil proteico incluye tanto proteínas de alta calidad (como mínimo huevo y lácteos en ovolac-tovegetarianos, y soja y derivados en todos) como de menor calidad como es, por ejemplo, la de los cereales. También dice que consumos superiores al doble de esa cifra, son seguros en «dietas mixtas».

Sucede que no existen estudios actuales sobre balance nitrogenado en vegetarianos estrictos (veganos), con lo que la recomendación de ingesta proteica se estima teniendo en cuenta los pocos datos disponibles y que la digestibilidad de la proteína vegetal es menor en algunos casos. Jack Norris, que es un investigador norteamericano autor de varios libros y de la web Veganhealth.org, concluye que una ingesta de 1-1,1 gramos por kilo podría ser adecuada, aunque recalca que se necesita más investigación sobre el tema en esta población concreta para llegar a conclusiones más exactas. (2)

Muy bonito, estaréis pensando, pero me imagino que a la mayoría esas cifras no os dicen nada. Para verlo mejor, vamos a poner algún ejemplo concreto con alimentos. En la tabla siguiente vemos el contenido en proteínas de algunos alimentos de origen vegetal, y también de lácteos y huevos. Los datos son de las tablas de la USDA que se pueden consultar aquí: http://ndb.nal.usda.gov/ndb/foods:

ALIMENTO	Proteína / 100 g	ALIMENTO	Proteína / 100 g
Soja cocida	16,6 g	Tofu	8-12 g
Garbanzo cocido	8,9 g	Seitán*	21,2 g
Lenteja cocida	9 g	Soja texturizada	50 g
Alubia cocida	8,5 g	Quinoa cocida	4,4 g

Cacahuete	23,7 g	Amaranto cocido	4 g
Almendra	21,2 g	Arroz cocido	2,3 g
Nuez	15,2 g	Pan	9-13 g
Avellana	15 g	Pasta cocida	5,3 g
Bebida de soja	3 g	Avena copos	16,8 g
Huevo (unidad 60gr)	7,5 g	Queso tierno	22 g
Queso fresco	12,4 g	Queso graso	35,8 g
Yogur natural	6,6 g	Yogur de soja	4,6 g

*Este dato viene de la media aproximada de diferentes marcas habituales en España.

Vamos a poner un ejemplo:

Desayuno: 35 g de copos de avena y 250 ml de bebida de soja. Una fruta.

Media mañana: 60 g de pan integral con tomate, aceite y aguacate.

Comida: 200 g de garbanzos cocidos en ensalada. Un bol de arroz (120 g cocido). Fruta.

Merienda: 30 g de almendras y un plátano. Un café con bebida de soja (200 ml).

Cena: 150 g de tofu a la plancha, 100 g de pasta integral cocida con verduras y 15 g de semillas. Un yogur de soja.

TOTAL: 82,5 g de proteína.

Sería suficiente, fijándonos en la recomendación más alta de las que hemos visto (1,1 g/kg/día) para una persona de hasta 75 kg.

Evidentemente, cuanto mayor tamaño corporal tiene

una persona, mayores son sus requerimientos, pero también sus raciones, por lo que aumentará el aporte consecuentemente. Nótese que, deliberadamente, el ejemplo es vegano.

Por tanto, una dieta vegetariana bien planteada, que incluya raciones de diarias de legumbres y derivados, frutos secos, semillas y cereales integrales, además de lácteos y huevos si se consumen, cubre requerimientos proteicos con facilidad.

Esto no significa, de ninguna manera, que debamos estar pendientes de sumar los gramos de proteína que consumimos, sino que es suficiente con incluir una porción de alimento proteico de calidad en cada ingesta, o al menos en las ingestas principales.

Y ¿qué es «una porción de alimento proteico de calidad»? Pues aproximadamente, esto:

RACIONES APROXIMADAS (adultos)	
Legumbre	Un plato lleno
Legumbre + cereal	Un plato lleno mitad de cada, o un poco más de legumbre que de cereal
Tofu, seitán, tempeh	Una porción del tamaño de la palma de la mano
Soja texturizada	Medio vaso (hidratada)
Huevos*	1-2 unidades
Lácteos* o derivados de soja	Un vaso o dos yogures o unos 100 g de queso fresco o 40 g de queso semi
Frutos secos	Un puñado

*Si se consumen

¿Hay que combinar las proteínas vegetales de maneras especiales para que sean completas?

Empecemos por el principio: ¿qué es una proteína completa? Pues es aquella que tiene todos los aminoácidos esenciales en su composición en cantidades suficientes. Los aminoácidos esenciales son los que nuestro organismo no es capaz de sintetizar por sí mismo y debe obtenerlos de la dieta. Y ¿qué es un aminoácido? Pues es cada una de las piezas que conforman una proteína. Imaginaos que una proteína fuera un tren: cada vagón sería un aminoácido. Así podríamos montar trenes de muchos vagones, de pocos, con vagones de primera clase y de clase turista, con vagones de carga... todo en función de para qué necesitáramos el tren. Pues igual funcionan las proteínas, cada una está formada por diferentes aminoácidos y en distintas cantidades.

Los aminoácidos esenciales son los siguientes: histidina, fenilalanina, isoleucina, leucina, lisina, metionina, treonina, triptófano y valina. En determinadas situaciones pueden ser esenciales también otros aminoácidos, pero no es el tema que nos ocupa.

Seguro que hemos oído muchas veces comentar que solo los alimentos de origen animal contienen todos los aminoácidos esenciales, pero eso no es cierto. La soja, los garbanzos, algunos tipos de alubias, los pistachos, la quinoa, las semillas de cáñamo o el amaranto también los contienen. ¡Incluso las espinacas! Pero claro, aunque sus proteínas son de buena calidad, la cantidad que contienen es baja, de unos 3 g por cada 100 g, por lo que tendríamos que comer una cantidad grande para obtener una ración proteica reseñable y no parece muy práctico.

Es decir, al consumir cualquiera de los alimentos que acabamos de nombrar, estaríamos consumiendo proteínas completas, con todos los aminoácidos esenciales en cantidades suficientes. ¿Significa eso que el resto de alimentos vegetales no contienen aminoácidos esenciales? En absoluto. Lo que significa es que, de alguno de ellos, se quedan un poco cortos. Por ejemplo, de las legumbres que no hemos nombrado antes, como las lentejas, tienen un poquito menos de metionina que del resto de aminoácidos esenciales (de ellas decimos que son «limitantes en metionina»); los cereales, por su parte, son limitantes en lisina y treonina, y las verduras lo suelen ser en metionina y cisteína. Cuando unimos alimentos limitantes en aminoácidos diferentes, se complementan el uno con el otro y obtenemos de nuevo proteínas completas, con todos los aminoácidos esenciales en cantidades suficientes.

Pero, contrariamente a lo que se cree, no es necesario que estemos pendientes de hacer estas combinaciones para asegurarnos un aporte proteico de calidad. Es tan efectivo comer lentejas con arroz, como comer arroz y cenar lentejas. Nuestro cuerpo tiene un *pool* de aminoácidos, una especie de depósito en el hígado. En él se van almacenando y se sacan a medida que se necesitan. Por ello no es necesario hacer combinaciones de alimentos en el mismo plato, ni siquiera en la misma comida para asegurarnos las proteínas completas. (3)

Aun así, si quisiéramos combinarlas, no es nada difícil, os pongo algunos ejemplos:

- Legumbres+cereales: lentejas con arroz, *hummus* untado en pan, tortillas de maíz rellenas de frijoles, hamburguesas de alubias con avena...
- Legumbres+frutos secos: ensalada de legumbres con nueces, hamburguesas de guisantes y harina de almendra, paté de lentejas y macadamias...
- Cereales+frutos secos: arroz frito con anacardos, pan de nueces, bizcochos de almendra, galletas (¡sin azúcar!) de avena y frutos secos...

Entonces, ¿las proteínas se valoran solamente según su contenido en aminoácidos esenciales? No. Hay otro concepto importante a tener en cuenta que es la digestibilidad. Es lo que marcará la biodisponibilidad de esas proteínas, es decir, la capacidad de nuestro organismo para aprovecharlas.

La digestibilidad es la capacidad de nuestro sistema digestivo (obvio) para aprovechar la proteína contenida en un determinado alimento. Las proteínas vegetales tienen, en general, una digestibilidad menor porque hay que romper la pared celular de la planta para acceder a ella y además contienen compuestos llamados «antinutrientes», como los fitatos o los taninos, entre otros, que también dificultan la absorción de algunos compuestos, así como la fibra. Por ello cuando tomamos proteína vegetal aislada (por ejemplo de soja o de guisante, proteína en polvo) su digestibilidad se acerca mucho a la de los alimentos de origen animal, pero cuando está en su estado natural en el alimento, la digestibilidad varía según el alimento concreto y cómo lo preparemos.

El remojo, la germinación y la cocción aumentan la digestibilidad contrarrestando de manera muy efectiva los antinutrientes. Por ejemplo, unas legumbres remojadas y cocinadas en la olla exprés serian una opción excelente, por encima de la cocción en olla normal. (4) Yo es que soy muy fan de la olla exprés.

El concepto para valorar la calidad (su composición en aminoácidos) junto a la digestibilidad de una proteína se conoce como PDCAAS (*Protein Digestibility - Corrected Amino Acid Score*). Varios alimentos proteicos de origen animal como la leche o el huevo, y también la proteína aislada de soja suelen obtener la máxima puntuación que es 1. La ternera, por ejemplo, obtiene un PDCAAS de 0,92, mientras que la soja entera (no la proteína aislada) lo obtiene de 0,91 (5) lo que tampoco parece ningún drama. En general, los alimentos de origen vegetal tienen puntuaciones más bajas que los de origen animal, pero son igualmente capaces de cubrir nuestros requerimientos sin problemas. (6)

Hemos visto tres puntos a valorar en el aporte proteico de la dieta: cantidad, contenido en aminoácidos y digestibilidad. Ahora la próxima vez que os digan que os van a faltar proteínas, podéis elegir entre ignorar con cara de póquer o explicarles cómo funciona el tema.

A día de hoy, no se puede decir en modo alguno que los vegetarianos tengan más riesgo de déficit proteico que los no vegetarianos, y de hecho hemos visto como la EFSA y también el IOM (*Institute of Medicine*) (7) no dan recomendaciones distintas para vegetarianos que para población general.

Cabe señalar que es importante tener en cuenta el tipo de alimentos que se consumen en una dieta vegana, ya que si existe un consumo habitual de soja o derivados (tofu, bebida de soja, tempeh, soja texturizada), cuya proteína es tan eficiente como la proteína de origen animal (8), es suficiente con que las recomendaciones de ingesta proteica sean las mismas que para población general, mientras que si la fuente principal son cereales, frutos secos y otras legumbres que no sean soja, parece sensato apuntar al 1-1,1 g por kilo de Norris.

Respecto al mantenimiento de la masa muscular, los patrones dietéticos vegetarianos y veganos son adecuados y no existen diferencias siempre y cuando el aporte proteico sea suficiente, independientemente del tipo de proteína. Esto ya lo señaló un estudio de 2011 que comparaba el patrón omnívoro, el ovolactovegetariano y el vegano y que concluía que los tres eran válidos e igual de efectivos para mantener la masa muscular. (9)

En resumen, al no existir estudios concluyentes sobre balance nitrogenado en vegetarianos estrictos, no puede darse una respuesta clara e inequívoca a cuanta proteína necesitan consumir. Sí que hay un estudio muy reciente, de nuevo perteneciente a las cohortes del EPIC-Oxford que midió las concentraciones de aminoácidos en sangre en hombres veganos, vegetarianos, comedores de pescado y comedores de carne (10). Aunque los resultados entre grupos fueron distintos, vegetarianos y veganos, todos ellos cumplían las RDA de todos los aminoácidos esenciales según Norris (11).

Teniendo en cuenta que no es común que las personas vegetarianas occidentales sufran desnutrición proteica, parece factible asumir que una dieta vegetariana variada y saludable cubre los requerimientos de proteína en todas las etapas de la vida, sin necesidad de que se tomen medidas especiales al respecto. Podemos respirar tranquilos.

¿Y si no puedo comer legumbres?

Siendo las legumbres y sus derivados el alimento que constituye el principal aporte proteico en una dieta vegetariana, si por algún motivo no podemos consumirlas, parece que la cosa se complica un poco.

Si no comemos legumbres, puede que se haga difícil obtener la cantidad necesaria de uno de los aminoácidos esenciales: la lisina que, recordemos, es limitante en los cereales.

Hay otros alimentos ricos en lisina que no son legumbres o derivados, como la quinoa, el amaranto, los pistachos o las pipas de calabaza. También el seitán. Pero es necesario comer una cantidad importante para obtener la lisina necesaria y esto puede complicar la alimentación. Una solución sencilla es tomar un suplemento de lisina, fácil, seguro y barato. Pero si es tu caso, te recomiendo encarecidamente que acudas a un dietista-nutricionista que pueda valorar tu alimentación en concreto y darte un consejo personalizado al respecto.

Insisto en que es un caso bastante raro y que estamos hablando de tomar la máxima precaución, ya que en realidad no se describen casos de desnutrición proteica por falta de lisina en la literatura científica.

Lo mismo si eres deportista y necesitas un ajuste más personalizado y calculado de tus necesidades proteicas e incluso de algunos aminoácidos concretos como podría ser la leucina, importante para mantener la masa muscular, u otros aminoácidos de cadena ramificada (BCCA). Un dietista-nutricionista especializado en nutrición deportiva es quien mejor te podrá ayudar a llevar una dieta que optimice tu rendimiento y recuperación. Créeme: es una inversión de la que no te vas a arrepentir.

Bien, no me van a faltar proteínas, pero ¿y hierro?

La anemia ferropénica (hay otros tipos de anemia por causas diferentes a la falta de hierro) es una de las enfermedades por déficit nutricional más comunes en el mundo.

El tema del hierro es recurrente cuando se discute la dieta vegetariana. Mucha gente cree todavía que solo se pueden tener buenos niveles séricos de hierro consumiendo de forma habitual carnes rojas y vísceras. ¿Qué hay de cierto en este consejo? ¿Es imprescindible el consumo de carne para mantener un buen estatus de hierro? ¿Es poco eficiente el hierro contenido en los alimentos vegetales? Vamos a hablar de ello.

Hierro hemo y hierro no hemo

El hierro hemo o hemínico es el que contienen los alimentos de origen animal, forma parte de la hemoglobina y la mioglobina, y su absorción está entre el 15 y el 35 %. El hierro de origen vegetal, en cambio, es el hierro no hemo o no-hemínico, y constituye alrededor del 90 % del hierro que ingerimos con la dieta, aunque su absorción es mucho más baja, entre el 1 y el 20 %, en función del resto de componentes de la dieta y de factores individuales. En realidad no solo los alimentos de origen vegetal tienen hierro no hemo, también la leche y los huevos lo contienen, y el resto lo contiene en menor cantidad. (12)

Ambos tipos de hierro, el hemo y el no hemo, se absorben en el intestino delgado, pero por mecanismos diferentes. El hemo se absorbe intacto a través de la pared intestinal, mientras que el no hemo lo hace de manera mucho más controlada en función de las necesidades, como medida protectora de un exceso de hierro en el organismo, lo cual es vital, porque nuestro cuerpo tiene una capacidad limitada para excretarlo y demasiado hierro puede tener consecuencias graves.

Los niveles de hierro dependen en realidad mucho menos de la dieta y mucho más de la regulación intestinal de la absorción, que aún no está completamente estudiada y se siguen descubriendo factores que influyen en ella, como la hormona hepcidina, que regula la absorción intestinal, y que puede disminuirla cuando existen estados inflamatorios (13), sus funciones se conocen desde hace relativamente pocos años y es fundamental en el metabolismo del hierro. Pero ¿cómo funciona ese metabolismo?

La cantidad de hierro no hemo que se absorbe está relacionada con las necesidades individuales en cada momento: las personas con menores depósitos de hierro tienden a absorber más y a excretar menos (14). Esto hace que el ser humano pueda adaptarse a ingestas de hierro muy variadas sin sufrir por ello repercusiones clínicas, es decir, sin tener problemas de salud (15). Esta adaptación se da por ejemplo en mujeres embarazadas, cuya absorción de hierro puede aumentar hasta en un 60%, y sucede también en los vegetarianos que aunque su ingesta de hierro suele ser más baja, excretan menos ferritina en heces. La ferritina es la proteína que almacena el hierro. Por tanto, si la excreción disminuye, las reservas de hierro menguan en menor medida.

¿Los vegetarianos tienen más anemia que los no vegetarianos?

En realidad, no. En vegetarianos occidentales la anemia ferropénica tiene una incidencia similar a la que tiene en el resto de la población, según un estudio realizado en mujeres australianas a finales de los 90 (16). Algo más recientemente, en 2013, se llegó a la misma conclusión en otro estudio del mismo país. (17)

Aunque en los vegetarianos los niveles de hierro son similares a los de los no vegetarianos, sí es cierto que suelen tener algo más baja la ferritina (aunque dentro de rango), que es un indicador del nivel de los depósitos de hierro. Eso puede hacerlos más vulnerables frente a una situación de deplección (pérdida de algún elemento imprescindible para el buen funcionamiento del organismo) de esos depósitos (por ejemplo, una hemorragia).

El tema de la anemia ferropénica es una de esas paradojas de la dieta occidental. Por un lado, se cree que la carne roja es esencial para prevenirla y, por otro, es una de las poblaciones con mayor consumo de esa carne del mundo y la anemia sigue siendo, sin embargo, muy frecuente.

Así que, teniendo en cuenta que la anemia ferropénica es el déficit nutricional más frecuente en el mundo desarrollado y que el mundo desarrollado consume carne a mansalva, ¿no os da que pensar que a lo mejor lo de comer carne para no tener anemia es una gilipollez? Digo...

¿Cuánto hierro hay que tomar?

Es difícil decir cuánto hierro debemos recomendar que tome una persona vegetariana, más que nada porque hay pocas alusiones al respecto por parte de organismos oficiales y las que hay están pobremente fundamentadas y, por supuesto, no son para población española. Así que entramos (otra vez) en un limbo en el que queda a criterio del profesional la recomendación a dar. Y juntando la poca información con los muchos mitos sobre dieta vegetariana existentes, miedo me dan esas recomendaciones. Y es que, teniendo en cuenta además que el hierro es, junto al aporte proteico, uno de los nutrientes por los que más se preocupa todo el mundo en relación a la adecuada nutrición de los pobres vegetarianos, tenemos el campo abonado para todo tipo de consejos desfasados o directamente erróneos.

La IDR (Ingesta Diaria Recomendada) de hierro para población española adulta es de 9 mg en hombres de 20 a 59 años y 18 mg en mujeres de 20 a 49 años (18). En España no se da ninguna recomendación específica de ingesta de hierro para población vegetariana, mientras que la Academy of Nutrition and Dietetics (AND, antigua ADA) de EE.UU. recomienda a instancias del IOM (Intitute of Medicine de EE.UU.) que la ingesta de hierro en vegetarianos sea un 80 % superior a la recomendada a los no vegetarianos como medida de seguridad debido a la posible menor absorción de las fuentes de hierro vegetales. (19)

Sin embargo, esta recomendación del IOM está basada en unas condiciones dietéticas bastante improbables: una ingesta baja de vitamina C y alta de factores que inhiben la absorción como los taninos del té (20). Multiplicar por 1,8 las cantidades recomendadas para población general nos deja con cifras prácticamente imposibles de alcanzar sin suplementos, especialmente en los grupos de población con requerimientos más altos como las mujeres en edad fértil. No parece que sea una recomendación muy sensata cuando no es una población que presente tasas de anemia superiores al resto, y sobre todo cuando sabemos que un exceso de hierro puede traer consecuencias poco deseables.

¿Qué más sabemos de vegetarianos y hierro?

Sabemos, como hemos comentado antes, que la incidencia de anemia ferropénica en personas vegetarianas es similar a la de personas no vegetarianas.

También sabemos que a largo plazo se produce en personas vegetarianas una adaptación a ingestas bajas de hierro que implica una mayor absorción y una disminución de las pérdidas (21) y que aunque los vegetarianos adultos suelen tener reservas de hierro más bajas que los no vegetarianos, sus rangos de ferritina se encuentran, generalmente, dentro de la normalidad (16, 22).

Y sabemos que los fitatos reducen la absorción de hierro entre un 10 y un 50 % (los cereales integrales, los frutos secos y las legumbres contienen fitatos), sin embargo añadir 50 miligramos de vitamina C contrarresta los fitatos de una ración estándar y añadir 150 miligramos incrementa la absorción de hierro casi un 30 % (20). Y que en presencia de 25-75 miligramos de vitamina C, la absorción del hierro no hemínico de una única comida se duplica o triplica, supuestamente debido a la reducción del hierro férrico a ferroso, que tiende menos a formar complejos insolubles con los fitatos (23). Algo similar ocurre con los taninos que en presencia de vitamina C la absorción de hierro es incrementada de un 2 % hasta un 8 % (24).

Aunque hasta hace poco se pensaba que también los oxalatos dificultaban la absorción de hierro, hoy sabemos que tienen en realidad un efecto mucho menos relevante en su absorción de lo que se creía (25). También es habitual leer que la soja dificulta la absorción de hierro, aunque en realidad, según estudios recientes, sucede todo lo contrario: la soja no afecta negativamente al estatus de hierro y su absorción es tan buena como la del sulfato ferroso que se usa en suplementos (26).

¿Entonces qué hacemos?

Si la presencia de vitamina C acompañando la ingesta de alimentos ricos en hierro favorece en gran medida la absorción, tanto porque contrarresta los fitatos como porque reduce el hierro de su forma férrica a ferrosa que es más absorbible, es un buen consejo sugerir que se acompañe la ingesta de alimentos vegetales ricos en hierro con alimentos ricos en vitamina C, así como aconsejar que se separe la toma de café y té de las comidas principales para evitar la interacción con los taninos que estas bebidas contienen.

¿Qué alimentos vegetales son buenas fuentes de hierro? Las verduras de hoja verde, los frutos secos, las legumbres, las frutas desecadas y los cereales integrales. Además, existen también productos enriquecidos como, por ejemplo, muchos cereales de desayuno, pero recordemos que, por muy enriquecidos que vayan, los productos altamente procesados, refinados y ricos en azúcar añadido no son una buena idea para consumo diario.

¿Y cuáles son las fuentes de vitamina C? Las frutas, las verduras crudas, el perejil fresco...

Hay otros gestos que pueden tener un pequeño impacto en la absorción de hierro, pero no son factores tan importantes como los anteriores. Por ejemplo: se ha demostrado que usar cacerolas o sartenes de hierro, transmite moléculas de este mineral a la comida (especialmente a comidas ácidas como la salsa de tomate), por lo que su uso puede resultar de interés en población vegetariana (27).

También la vitamina A y los betacarotenos mejoran la absorción. Los encontramos en las hortalizas de color rojo y naranja como las zanahorias. Pero hay que tener en cuenta que lo hacen en muchísima menor medida de lo que consigue la vitamina C.

También hay que remarcar que varias técnicas de cocina habituales (lo hemos visto también al hablar de la digestibilidad de las proteínas), como el remojo de las legumbres o su germinado, la fermentación del pan o el tostado de los frutos secos contrarrestan el efecto de los fitatos y aumentan la biodisponibilidad y, por tanto, la absorción de los minerales contenidos en el alimento.

Es importante también tener en cuenta que en caso de que se estén tomando suplementos de calcio, se separe la toma de las comidas principales para evitar su interacción con el hierro de la dieta.

En conclusión:

La mayor presencia de vitamina C en dietas vegetarianas, junto con la adaptación a ingestas bajas de hierro, explica la baja prevalencia de anemia en el colectivo vegetariano a pesar de la menor biodisponibilidad dietética de las fuentes de hierro vegetal.

La recomendación del IOM de multiplicar por 1,8 la IDR de hierro en vegetarianos es, creo yo —y lo señalan Messina y Mangels en el libro *The Dietitians Guide to Vegetarian Diets* (Jones & Bartlett Publ.; 3ª edición, 2011)—, alarmista en exceso, ya que nos remite a un escenario dietético pobre en vitamina C y rico en productos que inhiben la absorción y otorga unas cifras difíciles de alcanzar sin suplementos, especialmente en mujeres. No parece que recomendar suplementación por norma sea necesario ni prudente: existe el riesgo de sobrepasar los límites de seguridad, un riesgo que no es necesario correr puesto que no parece que el hierro sea un nutriente que dé más problemas en vegetarianos que en población general.

Existiendo estrategias dietéticas y culinarias para

favorecer la absorción de hierro vegetal con las que, según refleja la epidemiología, la población vegetariana mantiene una prevalencia de anemia ferropénica similar a la del resto de la población, parece adecuado aconsejar a los vegetarianos que se suplementen el hierro únicamente cuando exista un déficit diagnosticado y en la dosis y forma que indique el facultativo que es exactamente el mismo consejo que daríamos a población general. Y actuar con ellos exactamente igual que con el resto: si se detecta una anemia ferropénica en una analítica, se revierte mediante suplementación y se intenta averiguar la causa. Que, por cierto, en el primer mundo rara vez es dietética.

En el primer mundo, el déficit de hierro suele deberse más bien a problemas de absorción por enfermedades intestinales, al consumo de medicamentos como los antiácidos, o a un proceso inflamatorio crónico. O muy a menudo a un exceso de pérdidas, concretamente en mujeres en edad fértil. La menstruación puede ser el mayor determinante del estado de los depósitos de hierro. Por ello son uno de los grupos de población con mayor prevalencia de anemia ferropénica.

Mi consejo para todos aquellos que aseguráis que no podéis ser vegetarianos porque necesitáis carne roja para no morir de anemia y que así os lo ha aconsejado el médico es que cambiéis de médico.

¿Y calcio sin lácteos?

Si existen dudas acerca de si se puede tener un buen estatus de hierro sin consumir carne, con el calcio y los lácteos ya se da por supuesto que, si no los consumes, vas a tener osteoporosis sin ninguna duda.

Las empresas de lácteos han realizado a lo largo de los años una inmejorable campaña de *marketing* para que esa idea cale hondo. Tanto es así que también es muy probable que te encuentres con más de un profesional sanitario que haga la misma afirmación. Y muy convencido, además.

Ningún otro nutriente tiene en nuestra sociedad una dependencia tan grande de un único grupo de alimentos como el calcio con los lácteos. Podéis hacer la prueba: escoged cuatro o cinco personas al azar y pedidles que os digan tres alimentos que sean buena fuente de calcio y que no sean lácteos. Lo más probable es que no os sepan nombrar ni uno solo.

Sin embargo, hay poblaciones que tradicionalmente no consumen lácteos, como la japonesa, y no parece que vayan por ahí quebrándose los huesos a la menor ocasión. Tampoco en China es costumbre consumirlos ni en gran parte de la población asiática y africana. Y curiosamente a menudo presentan mejores valores de salud ósea e inferiores tasas de osteoporosis que la hiperlacteada sociedad occidental. Menudo misterio, ¿verdad? Vamos a hablar un poco de ese tema:

Cuánto calcio hay que consumir

La ingesta diaria recomendada de calcio en España es de 900 miligramos para adultos y de 1.000 miligramos para hombres a partir de 60 años y mujeres a partir de 50 (18). De nuevo, sin recomendaciones específicas para vegetarianos.

En realidad, ningún país da recomendaciones específicas para este colectivo, con lo que se asume que su ingesta debería ser la misma que la del resto de la población.

Con las recomendaciones de ingesta de calcio nos encontramos con cosas curiosas, en EE.UU., por ejemplo, la recomendación para adultos es superior a la española, de 1.000 miligramos diarios, sin embargo en España a las mujeres embarazadas se les recomiendan 1.200 miligramos porque aumentan los requerimientos, mientras que EE.UU. mantiene la recomendación en 1.000 miligramos (salvo en embarazos adolescentes) porque en la gestación la adaptación metabólica hace que se absorba más y se excrete menos calcio (28). Curioso cuando menos.

Pero no terminan ahí las diferencias, en otro país del primer mundo como es el Reino Unido, la recomendación para adultos es de 700 miligramos al día (29), es decir, un 30 % por debajo de la de EE.UU. ¿Por qué tanta diferencia entre países en principio no tan distintos en cuanto a condiciones? En todos ellos se consumen lácteos con frecuencia y, de hecho, lo lógico sería que la recomendación más baja correspondiera a España por motivos ambientales: más horas de sol y por tanto hipotéticamente menos riesgo de déficit de vitamina D, que es imprescindible para un correcto aprovechamiento del calcio.

¿Y la EFSA qué opina? El posicionamiento de la EFSA sobre recomendaciones de ingesta de calcio a población europea es bastante reciente, de diciembre de 2015, su recomendación para adultos es de 1.000 miligramos al día de 18 a 24 años y de 950 miligramos al día para mayores de 25. Sin modificaciones en embarazo ni lactancia (30).

Así pues, tenemos un bonito abanico de recomendaciones de ingesta diaria, todas emitidas por organismos competentes que van de los 700 miligramos a los 1.000 miligramos, y que llegan a los 1.200 miligramos en embarazadas y lactantes, todas para adultos sanos.

A ver cómo sacamos algo en claro de todo esto. Pero primero investiguemos un poco sobre qué tal es la salud ósea de los vegetarianos:

¿A los vegetarianos les falta calcio?

Según datos del EPIC-Oxford Study de 2007, los ovolactovegetarianos presentan el mismo riesgo de fractura que la población general, pero este riesgo es ligeramente superior en veganos, presumiblemente por su menor ingesta de calcio (31).

Sin embargo, según un metaanálisis de Ho-Pham *et al* de 2009, la diferencia es clínicamente insignificante y es improbable que esa diferencia resulte en un aumento clínicamente relevante del riesgo de fractura en dicha población (32). Otro trabajo del mismo equipo concluye que, aunque los vegetarianos tienen una menor ingesta de calcio y proteínas que los omnívoros, su dieta no afecta negativamente a la densidad ósea ni a la composición corporal (33). Y ya en 2012 un nuevo trabajo secunda los resultados anteriores concluyendo que la dieta vegana no tiene efectos adversos ni en la pérdida de masa ósea ni en la probabilidad de fractura (34).

Así que, en principio, parece que no les va tan mal.

¿Cuánto calcio hay en los vegetales y cuánto se absorbe?

Sabemos que del calcio total que ingerimos solo absorbemos alrededor de un 25 % del total de la dieta y un 30 o 33 % de los lácteos. La cantidad que necesitamos absorber ronda los 250 miligramos (35), por tanto la cantidad total ingerida debe ser mucho mayor para poder llegar a ese mínimo que asegura un equilibrio y repone las pérdidas. Es evidente que a la hora de fijar esa IDR habría que tener en cuenta la biodisponibilidad del calcio en la dieta de esa población.

Sucede que esa biodisponibilidad resulta prácticamente imposible de calcular, porque los ratios de absorción son muy variables de un alimento a otro y dependen además de otros factores dietéticos y medioambientales... y, además, el aprovechamiento del calcio está ligado a otros factores igual de importantes que la cantidad ingerida. Veamos:

- **Vitamina D:** mantener unos niveles adecuados de vitamina D es imprescindible para la salud ósea, porque esta vitamina regula el paso del calcio hacia el hueso. Las últimas investigaciones señalan que el déficit de vitamina D es bastante común en población general, por lo que sería recomendable controlar nuestros niveles en analítica al menos una vez al año (mejor en invierno, que es cuando lo valores son más bajos) y tomar un suplemento en el caso de ser necesario. Una parte de la vitamina D se sintetiza a través de la piel gracias a la exposición solar, por lo que tomar el sol sin protección una media hora al día es también preventivo y aconsejable, pero en muchos casos no es suficiente.

- **Actividad física:** aquellas personas que hacen ejercicio con regularidad presentan mayor densidad ósea que las personas sedentarias. Es importante además realizar algún ejercicio de fuerza o carga para prevenir la osteoporosis.

- **Vitamina K:** además de ser fundamental para la coagulación sanguínea, la vitamina K también tiene un importante papel en el metabolismo óseo, ya que es imprescindible para la formación de osteocalcina, una proteína de la matriz del hueso. Muchos de los alimentos vegetales ricos en calcio como las hojas verdes, la soja o las crucíferas, lo son también en vitamina K.

- **Sal:** reducir la cantidad de sal de la dieta desempeña un papel importante en la prevención de la osteoporosis, ya que la ingesta elevada de sodio (uno de los principales componentes de la sal) incrementa la excreción de calcio en la orina, mientras que una dieta baja en sal favorece la reabsorción renal de calcio.

- **Magnesio:** una de las funciones del magnesio es activar los mecanismos para producir hueso nuevo ya que estimula los osteoblastos (células que fabrican hueso) e inhibe la paratohormona (hormona que aumenta la resorción ósea). Una dieta rica en verdura, hortaliza, frutos secos y cereales integrales aporta el magnesio necesario a nuestro organismo.

Por tanto, de nada sirve estar preocupadísimos por nuestra ingesta de calcio si tenemos bajos niveles de vitamina D, llevamos una vida sedentaria, una dieta rica en sal y nuestro consumo de verduras y hortalizas es bajo arriesgándonos a no tomar suficiente magnesio y vitamina K.

Pero ¿realmente hay calcio en los vegetales?

Si, ya sé que seguís con esa duda. Pero antes quería que supierais que no es tan importante consumir mucho calcio, como cuidar de que todos los factores que afectan a nuestra salud ósea estén cubiertos.

En el calcio, igual que hemos visto con el hierro, un factor importante es la biodisponibilidad, no solo la cantidad. En este cuadro podemos comparar la biodisponibilidad del calcio de algunos alimentos:

ALIMENTO	Contenido en calcio por 100 g (mg)	Fracción absorbible (%)	Cantidad de calcio absorbida (mg)
Leche de vaca (BEDCA)	125	32,1	40,1
Bebida de soja fortificada*	125	32,1	40,1
Alubias blancas	102,7	17	17,4
Brócoli	49,2	52,6	25,8
Col rizada	72,3	58,8	42,5
Tofu hecho con sales de calcio	204,7	31	63,4
Bok choy (col china)	92,9	53,8	49,9
Almendras	285,7	21,2	60,5
Semillas de sésamo	132,1	20,8	27,4
Coliflor	27,4	68,6	18,7
Repollo, berza	33,3	64,9	21,6

Fuente: http://ajcn.nutricion.org/content/59/5/1238S.full.pdf (tabla 2) calculado por 100 g en lugar de por "serving size"
*Fuente: http://www.ncbi.nlm.nih.gov/pmc/articles/PMC2981009/

Podemos ver que la biodisponibilidad (fracción absorbible) del calcio de la leche de vaca y los productos lácteos se sitúa, como hemos comentado, alrededor del 30-32 %: es similar a la del tofu, mientras que la del brócoli o la del bock choy ronda el 53 % y la de la col rizada o kale se acerca al 59 %, pero es que es hasta prácticamente del 65 % en el repollo y la berza y casi del 69 % en la coliflor. Algo por debajo de los lácteos, con una absorción de entre el 17 % y el 24 %, tenemos a los frutos secos y las legumbres.

Por tanto, absorbemos más o menos el mismo calcio de 100 gramos de col rizada que de 100 gramos de leche, aunque el contenido neto sea mayor en la leche, por ejemplo, y una cantidad bastante más elevada de 100 gramos de tofu cuajado con sales de calcio que de leche, siendo las ración habitual de consumo de tofu de 150-200 g.

Así que sí, hay calcio biodisponible en cantidades razonables en los alimentos vegetales. Misterio resuelto.

¿Cómo cubrir requerimientos de calcio?

Como precaución, vamos a intentar que una persona vegana cubra al menos los 700 miligramos de ingesta de calcio al día. Es decir, que llegue al menos a la recomendación más baja de un país comparable al nuestro, en este caso el Reino Unido.

Es importante mencionar que pueden ser de ayuda en este sentido las bebidas vegetales y los yogures de soja que vengan enriquecidos en calcio, ya que su consumo está bastante extendido, son fáciles de encontrar a día de hoy en nuestro país, y culturalmente es habitual que se consuman en el lugar en el que anteriormente se consumía un lácteo, por lo que en un primer momento permiten asegurar la ingesta sin hacer grandes cambios en nuestra rutina y costumbres, aunque desde luego no son imprescindibles.

Una estrategia fácil es fijarnos durante unos días en si consumimos variedad de alimentos que sean una buena fuente de calcio, el cuadro siguiente nos da una buena aproximación, teniendo en cuenta que no es exacto y que se han agrupado alimentos similares cuyo contenido en calcio no es exactamente el mismo:

ALIMENTOS VEGETALES RICOS EN CALCIO

De 6 a 8 raciones diarias en adultos

- ½ vaso (120 ml) de bebida vegetal enriquecida.
- Un yogur de soja (125 g).
- 50-60 g de tofu cuajado con sales de calcio o 100-120 g de tofu cuajado con nigari (sales de magnesio).
- 55 g de almendras.
- Un plato (250 g aprox. en crudo) de verduras ricas en calcio (brócoli, col, col rizada, hojas de berza).
- Un plato (200-220 g cocidas) de legumbres ricas en calcio (soja, judía blanca o negra)
- 80-100 g de pan integral.

Volviendo al tema de la biodisponibilidad, es importante que tengamos en cuenta algunos aspectos:

Sabemos que los fitatos y oxalatos que contienen muchos alimentos vegetales reducen la absorción del calcio, igual que hemos comentado con el hierro, porque se unen a ellos formando complejos insolubles que impiden a nuestro organismo la absorción de ambos. Sin embargo, como ya hemos explicado, existen consejos y técnicas culinarias sencillas y de uso habitual que pueden ayudarnos a contrarrestar estos efectos y aumentar la biodisponibilidad del calcio contenido en esos alimentos.

El ácido fítico o fitato se encuentra principalmente en los cereales integrales, los frutos secos, las legumbres y la cáscara de las semillas. Procesos simples como la cocción larga, el remojo, la fermentación, la germinación o el tostado, en los frutos secos, contribuyen a desactivar parte de ese ácido fítico.

Podemos poner como ejemplo el pan integral. Por un lado, ha sufrido una doble fermentación y las levaduras han predigerido el ácido fítico y por otro lado, con la cocción larga la mayor parte del fitato restante ha sido desactivado. Por tanto, el calcio contenido en ese pan tendrá una mayor biodisponibilidad (es decir, una mejor absorción) que el contenido en otra preparación realizada con la misma harina y que no hubiese sido fermentada como podría ser una crep o unos macarrones.

El remojo es otra de las técnicas que favorecen la desactivación del ácido fítico. Lo podemos aplicar al arroz integral y otros granos que vayamos a comer cocidos, a los frutos secos crudos y por supuesto, es imprescindible en la mayoría de las legumbres.

La germinación, por su parte, es aplicable tanto a granos de cereal como a legumbres y consigue un gran aumento en la biodisponibilidad de nutrientes. Consiste en mantener en remojo el producto el tiempo suficiente para que el grano o la legumbre empiecen a brotar. Es una técnica muy usada en dietas crudiveganas que puede resultar interesante adoptar en otros modelos de alimentación.

En el caso de las semillas, el consejo sería no tomarlas enteras, ya que gran parte pasarán por el sistema digestivo sin alterarse y por tanto sin que podamos acceder a los nutrientes que contienen. Tomarlas bien en forma de pasta o crema (como la tahina hecha con sésamo), bien rotas o machacadas en el mortero o con un molinillo de café, es una idea mejor. De las semillas de sésamo, por ejemplo, se absorbe aproximadamente el 20-21 % del calcio que contienen y, como su contenido en calcio es elevado, no es para nada una cantidad despreciable.

Existe otro compuesto presente en algunos vegetales que dificulta la absorción de calcio: los oxalatos, que aunque al parecer no afectan demasiado a la absorción de hierro, sí lo hacen con el calcio. Los oxalatos están presentes principalmente en algunas verduras de hoja como las acelgas y las espinacas, y también en el cacao, el ruibarbo, el perejil o la remolacha. Esta es la razón de que las espinacas, a pesar de ser ricas en calcio y ser un alimento nombrado de manera habitual como buena fuente de este mineral, no son en realidad una buena fuente biodisponible porque, a causa de sus oxalatos, solo se absorbe el 5 % del calcio que contienen, que es una fracción muy pequeña.

En este sentido, nos ofrecen más ventajas nutricionales otras hojas verdes como las de la col rizada o kale, la col china, el bock choy, las hojas de rábano o nabo, la berza, etc, así como el brócoli o la coliflor.

El consejo sería variar el tipo de hojas verdes que consumimos, dando prioridad a aquellas cuya biodisponibilidad de nutrientes es mayor y separar la ingesta de alimentos ricos en oxalatos de la de alimentos ricos en calcio.

El mito de las proteínas y el calcio: Existe una teoría que dice que la dieta rica en proteínas, especialmente en proteínas de origen animal, descalcifica los huesos porque produce una acidificación de la sangre que obliga al organismo a extraer calcio de los huesos para tamponar esa bajada de PH.

Esa afirmación es falsa, la proteína, además de formar parte de la matriz ósea, estimula la absorción de calcio y no parece que su poder acidificador afecte a la salud de los huesos según un metaanálisis de 2009 que no encontró asociación entre la acidificación y el balance de calcio o la pérdida de masa ósea (36). Del mismo modo, una revisión de 2012 publicada en el *European Journal of Clinical Nutrition* concluyó que las dietas ricas en proteína no tienen impacto en el balance de calcio ni en la salud ósea (37)

Por tanto, el consejo en este sentido es mantener una ingesta proteica adecuada y desterrar el mito de que las dietas con poco o ningún aporte de proteína de origen animal presenta mayor protección de la osteoporosis por este hecho.

¿Y la vitamina D?

Como hemos visto, si no tenemos niveles adecuados de vitamina D, de nada servirá estar pendientes de que nuestra ingesta de calcio sea adecuada, puesto que no lo vamos a fijar. El EPIC-Oxford, en 2011, señaló que los niveles de vitamina D son más bajos en veganos que en población omnívora, pero sin que se encuentren fuera de rango (38). Anteriormente, en el Adventist Health Study-2 de 2009 los niveles de vitamina D de la población vegetariana estudiada, también fueron normales (39). Sí que se detectó como factor de riesgo tener la piel oscura, estas personas necesitan cantidades más altas y más tiempo de exposición solar para alcanzar niveles saludables de vitamina D.

Aunque no existe ningún estudio sobre niveles de vitamina D en vegetarianos españoles (o en su defecto de otro país del sur de Europa) atendiendo a las horas de sol de las que disfrutamos, que son considerablemente más que las que se disfrutan en Reino Unido o en gran parte de EE.UU., podríamos llegar a pensar que tampoco en España se encontrarían datos fuera de rango con más frecuencia que en el resto de la población. Sin embargo, según el documento de posicionamiento sobre las necesidades y niveles óptimos de vitamina D de la Sociedad Española de Investigación Ósea y del Metabolismo Mineral (SEIOMM) y Sociedades Afines publicado en 2011, la población española no alcanza niveles óptimos de vitamina D en un alto porcentaje, oscilando la prevalencia de déficit de vitamina D entre el 30 % (jóvenes) y el 87 % en ancianos institucionalizados, y entre el 50 % y el 70 % en edades intermedias (40). Esto puede deberse a que tanto en EE.UU. como en Reino Unido la fortificación de los alimentos con vitamina D está bastante más extendida que en España.

Es importante, por tanto, mirar que los niveles séricos de vitamina D sean adecuados, mediante la ingesta, la exposición solar y la toma de suplementos si fuese necesario. En este caso sería aplicable también la misma recomendación a población general no vegetariana, a juzgar por la prevalencia de la deficiencia en nuestro país. Como hemos dicho, un control anual en analítica sería lo más acertado, aunque según la Guía Clínica del *United.States Preventive Services Task Force* (41) no se cree que sea necesario someter a screening de status de vitamina D a toda la población, sí que deberíamos hacerlo con aquellos que, por su historia clínica, alimentación o estilo de vida, tengamos sospecha de que pueden tener una deficiencia.

> **Suplementos de vitamina D:** Hay dos tipos de vitamina D, la D2 y la D3. La primera es de origen vegetal, el ergocalciferol, mientras que la segunda es principalmente de origen animal, el colecalciferol. La segunda parece ser más eficiente para remontar los niveles cuando se necesita suplementación, aunque hay estudios que plantean que ambas formas pueden ser igual de válidas.

La vitamina D, además, necesita de la exposición a la luz solar para convertirse en su forma activa. Y, por cierto, la exposición solar es el factor más importante para tener un buen estatus de esta vitamina, por encima de la ingesta.

Cabe señalar que los suplementos de vitamina D3 disponibles en España son en su inmensa mayoría de origen animal y, por tanto, no aptos para vegetarianos, lo cual puede suponer un problema a la hora de recetar dichos suplementos que el paciente se puede negar a consumir. Afortunadamente existen suplementos veganos de vitamina D3 procedentes de líquenes o de setas irradiadas con luz ultravioleta que pueden encontrarse en algunas tiendas especializadas y también comprarse *online*. A este respecto, sería importante incluir suplementos de D3 aptos para veganos en la oferta del Servicio Nacional de Salud a fin de no discriminar a las personas vegetarianas que necesiten consumirlos ni obligarlas a pagar un precio más elevado. Pero de momento me parece que eso es pedirle peras al olmo.

A la hora de elegir un suplemento vegano de vitamina D, debemos tener en cuenta algunas cosas: por un lado respetar la dosis que nos haya indicado el médico o el dietista-nutricionista y, por otro, saber que algunos suplementos de vitamina D3 vienen etiquetados como vegetarianos porque proceden de la lanolina, una sustancia que se extrae de la lana de las ovejas, por contraposición a los que se extraen del aceite de pescado.

Como para extraer la lanolina, igual que para conseguir leche, en principio no hay que matar a la oveja (para extraer el aceite de pescado evidentemente sí que hay que matar al pez) estos suplementos se consideran vegetarianos. Ese etiquetado puede llevar a engaño a las personas veganas. En ese sentido el etiquetado que hay que buscar es «vegan» o «vegano» y no «vegetarian» o «vegetariano».

En conclusión:

Asegúrate de que tu alimentación habitual incluye varias raciones diarias de alimentos ricos en calcio y no descuides la actividad física y el control del estatus de vitamina D en analítica. Y come muchas frutas y verduras para asegurarte un buen aporte de magnesio y vitamina K.

De hecho, es más importante controlar el estatus de vitamina D que el de calcio en una dieta saludable que cubra requerimientos energéticos y proteicos.

¿A que ya no parece tan difícil?

BIBLIOGRAFÍA DEL CAPÍTULO 3

1. Scientific Opinion on Dietary Reference Values for protein. Parma, Italy: EFSA Panel on Dietetic Products, Nutrition and Allergies (NDA); 2012, actualizado en febrero 2015.

2. Norris J. Protein recomendations for vegetarians 2016 [Available from: http://www.veganhealth.org/articles/protein#rec.

3. Young VR, Pellett PL. Plant proteins in relation to human protein and amino acid nutrition. Am J Clin Nutr. 1994;59(5 Suppl):1203s-12s.

4. Bishnoi S, Khetarpaul N. Protein digestibility of vegetables and field peas (Pisum sativum). Varietal differences and effect of domestic processing and cooking methods. Plant Foods Hum Nutr. 1994;46(1):71-6.

5. Schaafsma G. The protein digestibility-corrected amino acid score. J Nutr. 2000;130(7):1865s-7s.

6. Marsh KA, Munn EA, Baines SK. Protein and vegetarian diets. Med J Aust. 2013;199(4 Suppl):S7-s10.

7. Dietary Reference Intakes for Energy, Carbohydrate, Fiber, Fat, Fatty Acids, Cholesterol, Protein, and Amino Acids (Macronutrients). Whasington DC: Institute of

Medicine (IOM) Food and Nutrition Board (FNB). The National Academies Press; 2002/2005.

8. Protein and amino acid requirements in human nutrition. WHO. 2015.

9. Andrich DE, Filion ME, Woods M, Dwyer JR, Gorbach SL, Goldin BR, et al. Relationship between essential amino acids and muscle mass, independent of habitual diets, in pre- and post-menopausal US women. Int J Food Sci Nutr. 2011;62(7):719-24.

10. Schmidt JA, Rinaldi S, Scalbert A, Ferrari P, Achaintre D, Gunter MJ, et al. Plasma concentrations and intakes of amino acids in male meat-eaters, fish-eaters, vegetarians and vegans: a cross-sectional analysis in the EPIC-Oxford cohort. Eur J Clin Nutr. 2015.

11. Norris J. Best Study on Vegan Protein Intakes to Date 2016 [Available from: http://jacknorrisrd.com/best-study-on-vegan-protein-intakes-to-date/.

12. Gaitan D. Olivares M AM, Pizarro F. Biodisponibilidad de hierro en humanos. Rev chil nutr. 2006;33(2):142-8.

13. Knutson MD. Iron-sensing proteins that regulate hepcidin and enteric iron absorption. Annu Rev Nutr. 2010;30:149-71.

14. Hurrell R, Egli I. Iron bioavailability and dietary reference values. Am J Clin Nutr. 2010;91(5):1461s-7s.

15. Cook JD. Adaptation in iron metabolism. Am J Clin Nutr. 1990;51(2):301-8.

16. Ball MJ, Bartlett MA. Dietary intake and iron status of Australian vegetarian women. 1999.

17. Saunders AV, Craig WJ, Baines SK, Posen JS. Iron and vegetarian diets. Med J Aust. 2013;199(4 Suppl):S11-6.

18. Dietary Reference Intakes (DRI) for the Spanish Population. FESNAD; 2010.

19. Norris J. Iron in Vegetarian Diets. RD resources for

consumers: Academy of nutrition and dietetics; 2013.

20. Cook JD, Dassenko SA, Lynch SR. Assessment of the role of nonheme-iron availability in iron balance. Am J Clin Nutr. 1991;54(4):717-22.

21. Hunt JR, Roughead ZK. Adaptation of iron absorption in men consuming diets with high or low iron bioavailability. Am J Clin Nutr. 2000;71(1):94-102.

22. Alexander D, Ball MJ, Mann J. Nutrient intake and haematological status of vegetarians and age-sex matched omnivores. Eur J Clin Nutr. 1994;48(8):538-46.

23. Yusimy R SR, Selva A. Importance of the iron and vitamin C consumption for the prevention of iron-deficiency anemia. MEDISAN 2009;13(6); 2009.

24. Siegenberg D, Baynes RD, Bothwell TH, Macfarlane BJ, Lamparelli RD, Car NG, et al. Ascorbic acid prevents the dose-dependent inhibitory effects of polyphenols and phytates on nonheme-iron absorption. Am J Clin Nutr. 1991;53(2):537-41.

25. Genannt Bonsmann SS, Walczyk T, Renggli S, Hurrell RF. Oxalic acid does not influence nonhaem iron absorption in humans: a comparison of kale and spinach meals. Eur J Clin Nutr. 2008;62(3):336-41.

26. Lonnerdal B. Soybean ferritin: implications for iron status of vegetarians. Am J Clin Nutr. 2009;89(5):1680s-5s.

27. Brittin HC, Nossaman CE. Iron content of food cooked in iron utensils. J Am Diet Assoc. 1986;86(7):897-901.

28. New Recommended Daily Amounts of Calcium and Vitamin D. NIH Medline Plus; 2011.

29. Calcium Food Fact Sheet. The Association of UK Dietitians; 2014.

30. Scientific Opinion on Dietary Reference Values for

calcium | European Food Safety Authority 2016 [Available from: http://www.efsa.europa.eu/en/efsajournal/pub/4101.

31. Appleby P, Roddam A, Allen N, Key T. Comparative fracture risk in vegetarians and nonvegetarians in EPIC-Oxford. Eur J Clin Nutr. 2007;61(12):1400-6.

32. Ho-Pham LT, Nguyen ND, Nguyen TV. Effect of vegetarian diets on bone mineral density: a Bayesian meta-analysis. Am J Clin Nutr. 2009;90(4):943-50.

33. Ho-Pham LT, Nguyen PL, Le TT, Doan TA, Tran NT, Le TA, et al. Veganism, bone mineral density, and body composition: a study in Buddhist nuns. Osteoporos Int. 2009;20(12):2087-93.

34. Ho-Pham LT, Vu BQ, Lai TQ, Nguyen ND, Nguyen TV. Vegetarianism, bone loss, fracture and vitamin D: a longitudinal study in Asian vegans and non-vegans. Eur J Clin Nutr. 2012;66(1):75-82.

35. Ross AC, Taylor CL, Yaktine AL, Valle HBD. Dietary Reference Intakes for Calcium and Vitamin D. 2011.

36. Fenton TR, Lyon AW, Eliasziw M, Tough SC, Hanley DA. Meta-analysis of the effect of the acid-ash hypothesis of osteoporosis on calcium balance. J Bone Miner Res. 2009;24(11):1835-40.

37. Calvez J, Poupin N, Chesneau C, Lassale C, Tome D. Protein intake, calcium balance and health consequences. Eur J Clin Nutr. 2012;66(3):281-95.

38. Crowe FL, Steur M, Allen NE, Appleby PN, Travis RC, Key TJ. Plasma concentrations of 25-hydroxyvitamin D in meat eaters, fish eaters, vegetarians and vegans: results from the EPIC-Oxford study. Public Health Nutr. 2011;14(2):340-6.

39. Chan J, Jaceldo-Siegl K, Fraser GE. Serum 25-hydroxyvitamin D status of vegetarians, partial vegetarians, and nonvegetarians: the Adventist Health

Study-2. Am J Clin Nutr. 2009;89(5):1686s-92s.

40. Gómez de Tejada Romero MJ SHM, Del Pino Montes J, Jódar Gimeno E, Quesada Gómez JM, Cancelo Hidalgo MJ, Díaz Curiel 7, Mesa Ramos M, Muñoz Torres M, Carpintero Benítez P, Navarro Ceballos C, Valdés y Llorca C, Giner Ruíz V, Blázquez Cabrera JA, García Vadillo JA, Martínez Rodríguez ME, Peña Arrebola A, Palacios Gil-Antuñano S. Documento de posición sobre las necesidades y niveles óptimos de vitamina D. 2016.

41. LeFevre ML, on behalf of the U.S. Preventive Services Task Force. Screening for Vitamin D Deficiency in Adults: U.S. Preventive Services Task Force Recommendation Statement. Ann Intern Med. 2015;162:133-140. doi:10.7326/M14-245.

Capítulo 4

TE VAN A FALTAR NUTRIENTES II
De omega 3, zinc y otros

«Todo se repite eternamente: el día y la noche, el verano y el invierno... el mundo está vacío y no tiene sentido. Todo se mueve en círculos. Lo que aparece debe desaparecer y lo que nace debe morir. Todo pasa: el bien y el mal, la estupidez y la sabiduría, la belleza y la fealdad. Todo está vacío. Nada es verdad. Nada es importante».

La historia interminable, Michael Ende

Hemos repasado, en el capítulo anterior, aquellos nutrientes que suelen preocupar al común de los mortales en cuanto oye la palabra vegetariano, así que vamos a pasar ahora a los nutrientes de nivel 2, aquellos de los que solo se preocupan los enterados.

Los omega 3 son uno de esos nutrientes. La investigación existente sobre ellos es todavía insuficiente para sacar conclusiones inequívocas en cuanto a población general, no digamos ya en población vegetariana. Por ello resulta prácticamente imposible dar un consejo totalmente seguro sobre el tema y es muy probable que en los próximos años, nuevas investigaciones arrojen algo más de luz y los consejos que hoy parecen acertados se tengan que modificar. Tenedlo en cuenta mientras leéis.

La situación actual da pie tanto a la postura favorable a la suplementación como a la contraria. Así que voy a intentar coger el camino de en medio.

Pero empecemos por el principio.

Omega 3, ¿qué es? ¿Dónde se encuentra?

Los omega 3 son un tipo de ácidos grasos poliinsaturados esenciales, es decir, que es imprescindible que los ingiramos con la dieta porque nuestro cuerpo no es capaz de fabricarlos.

Aunque existen seis ácidos grasos distintos de la serie omega 3, hay tres en los que nos tenemos que fijar especialmente:

- ALA (ácido alfa-linolénico): Es un ácido graso esencial para el ser humano, que al ser consumido en cantidades importantes puede ser almacenado, β-oxidado y/o metabolizado en sus derivados bioactivos, principalmente el DHA. Se encuentra en las nueces, el lino, la chía y, en menor medida, en otras semillas y frutos secos e incluso en algunas legumbres como la soja.
- EPA y DHA (son el ácido eicosapentaenoico y el ácido docosahexaenoico): Se encuentran

en aceites de pescado y en algunas microalgas, así como en la leche materna y en la carne de animales alimentados con pasto.

Es posible que tras leer lo anterior hayáis llegado a la conclusión de que, si consumimos alimentos ricos en ALA, que son de origen vegetal, tenemos el problema resuelto, porque ya se encarga nuestro organismo de iniciar la ruta metabólica que lo convierte en EPA y luego en DHA. Y aunque esto es cierto en parte, el tema no es en absoluto tan sencillo.

De la conversión de ALA en DHA desconocemos más de lo que sabemos, para empezar. Lo que sabemos es esto: se produce en el hígado y en el cerebro y la tasa de conversión puede ser variable ya que la misma dosis no siempre resulta en la misma respuesta (1). Aún hay bastantes dudas sobre cómo se da esa conversión, aunque conocemos que en su mayor parte es hepática y que la conversión a nivel neuronal es muy residual. La mayoría del ALA que ingerimos lo almacenamos en forma de grasa, una pequeña parte la oxidamos y otra parte aún más pequeña es la que convertimos en EPA y en DHA. Esto nos lleva directamente a una pregunta obvia: ¿por qué un ácido graso esencial es utilizado principalmente como fuente de energía y no preferencialmente como sustrato para la síntesis de EPA y DHA? ¿No es muy imprudente por parte de la naturaleza dejar ese aporte tan dependiente de la ingesta existiendo una ruta metabólica para obtenerlo y habiendo otras muchas fuentes de grasa dietética que almacenar? ¿Por qué sigue primando el almacenamiento? ¿Tal vez la pequeña tasa de conversión existente es suficiente para cubrir requerimientos? No lo sabemos. Y, además, a día de hoy, seguimos sin conocer cuál es el estatus mínimo de DHA en sangre por debajo del cual podríamos señalar una deficiencia y aparecerían manifestaciones clínicas.

¿Para qué sirven los omega 3? ¿Cuáles son sus funciones en nuestro organismo? En principio sabemos que reducen el riesgo vascular, la inflamación y el daño oxidativo. También sabemos que el DHA participa en el desarrollo visual y del sistema nervioso central, especialmente en la etapa fetal y la primera infancia y también existe la hipótesis de que actúa como protector de enfermedades neurodegenerativas en edades avanzadas.

Y os estaréis preguntando: ¿cuánto DHA tienen los vegetarianos en sangre?

La ingesta de fuentes vegetales de ALA es el principal aporte de DHA en dietas vegetarianas o en aquellas dietas en las que no se consume pescado. Y aquí quiero hacer un inciso: creer que una alimentación omnívora garantiza un estatus elevado de DHA es como creer en las hadas. Ni de broma.

El consumo de pescado azul brilla por su ausencia en la alimentación de muchas personas, o es ciertamente bajo en muchas otras. También estaremos de acuerdo en que el consumo de carne de pasto es totalmente residual en la población occidental y está al alcance de un reducido número de personas. Prácticamente la totalidad de la población consume carnes procedentes de las cría de ganado intensiva, cuyo contenido en DHA es despreciable.

No tenemos muchas referencias sobre el DHA en la población, ya que no es un parámetro que se mida en las analíticas de rutina. Un estudio de cohortes del EPIC-Norfolk en 2010 valoró el estatus de omega 3 en personas que comían pescado, en otras que no comían pescado pero sí carne, en vegetarianos y en veganos (todas ellas sumaban 14.422 personas). A pesar de que la ingesta era distinta entre los grupos y la más alta era la de los consumidores de pescado, las diferencias de estatus entre los grupos eran mucho menores de lo que se podría esperar de la diferencia de ingesta. Los investigadores apuntan a que probablemente la tasa de conversión era mayor en los no-consumidores de pescado (ergo en vegetarianos) (2). ¿Significa esto que existe una adaptación metabólica a ingestas bajas de DHA que hace que la conversión sea más eficiente en esos individuos contrarrestando la menor ingesta? Pues es una posibilidad, pero aún no tenemos estudios concluyentes que permitan asegurarlo a ciencia cierta.

Y es que resulta que aún no se han establecido los niveles mínimos de DHA por debajo de los cuales podríamos señalar un déficit patológico (3), y además los vegetarianos no muestran signos clínicos de déficit de DHA y no conocemos la significación clínica de su estatus ni que niveles son suficientes para su salud óptima (4). Quizás antes de recomendarles suplementarse tendríamos que tener claras esas cosas, ¿no? Para ello, falta aún investigación.

Veamos qué sucede con uno de los problemas de salud en el que parece que el omega 3 juega un papel importante:

¿Tienen los vegetarianos mayor riesgo cardiovascular por tener menores niveles de DHA?

Se preguntaba Sanders en el verano de 2014 en el American Journal of Clinical Nutrition (AJCN) cuál era el veredicto al comparar el omega 3 vegetal con el marino en relación a sus efectos en el riesgo cardiovascular y, tras analizar, un poco el tema y valorar los estudios existentes, prospectivos y RCT, escribió lo siguiente en la conclusión (5):

«DHA concentrations in plasma and erythrocyte lipids are lower in vegetarians than in omnivores primarily attributable to the absence of DHA from the diet. Yet, despite the lack of EPA and DHA in their diets, vegetarians are at lower risk of CVD compared with omnivores. In conclusion, current evidence does not justify advising vegan and vegetarians to supplement their diet diets with EPA or DHA for CVD prevention».

Dice que los vegetarianos tienen una menor concentración de DHA en el plasma y en los lípidos eritrocitarios, y que esto es atribuible a la ausencia de este ácido graso en la dieta, pero que a pesar de ello su riesgo cardiovascular es menor que el de los omnívoros y que la evidencia actual no justifica la recomendación a vegetarianos y veganos de que se suplementen el DHA para prevenir los trastornos cardiovasculares. Gracias por el curro, Sanders.

No era la primera vez que Sanders se ocupaba de este tema, en 2009 ya publicó un estudio acerca del status de DHA en vegetarianos (6), en cuyos resultados apunta que aunque como sabemos, su ingesta de DHA es menor, no hay evidencia de que ello cause ningún efecto adverso en la salud o en la función cognitiva.

También en el AJCN, en julio de 2014 se preguntaba Harris si lograr un óptimo estatus de omega 3 debía ser un reto para los vegetarianos... o no. Concluía que sí, que sería interesante para los vegetarianos beneficiarse de los efectos cardioprotectores del omega 3, aún a pesar de afirmar en las mismas conclusiones de nuevo que el patrón dietético vegetariano y vegano está asociado *per se* con un riesgo cardiovascular reducido (7). La cosa se aclara un poco cuando leemos que el autor pertenece a dos compañías que ¿a que no sabéis qué venden? ¡Un test de estatus de omega 3! Y que también asesora a compañías farmacéuticas que venden ¡suplementos de omega 3! Ajá... Qué importante es remarcar los conflictos de interés.

Unos años antes, en 2009, Mangat ya había abordado la duda de si debían los vegetarianos consumir pescado para tener una óptima protección cardiovascular y había dicho (8):

«No data exist on the potential therapeutic benefit of EPA, DHA, or ALA supplementation on those individuals who already consume a vegetarian diet. Overall, there is insufficient evidence to recommend n–3 fatty acid supplementation for the purposes of cardiovascular protection; however, ongoing studies such as the Alpha Omega Trial may provide further information».

Es decir, que aunque faltaban estudios, no había evidencia para recomendar la suplementación con omega 3 a vegetarianos en relación a la protección cardiovascular. En 2014, como hemos visto antes, se seguía diciendo lo mismo.

¿Qué más? Tenemos un estudio de marzo de 2014, con muestra pequeña, comparando huevos enriquecidos con omega 3 y nueces en ovolactovegetarianos en relación a los marcadores de riesgo cardiovascular. Ganaron las nueces, aunque los huevos subían más el DHA, las nueces eran más beneficiosas a nivel global (9).

Este otro, es un estudio piloto, pero os lo quiero poner porque es taaaaan bonito y me gusta tanto la conclusión... A ver, es un estudio de intervención en el que se les restringe carne y pescado a personas omnívoras para ver si afecta a su humor (10).

Ese estudio llega a la siguiente conclusión:

«Our results suggest that reducing meat, fish, and poultry may improve some domains of short-term mood state in modern omnivores. Exploring this phenomenon further is warranted, as reductions in dietary meat, fish, and poultry would not only reduce health risks but could benefit the environment as well».

Vamos, que ser vegetariano, además de beneficiar al medioambiente ¡¡mejora tu humor!! Y ojo, que el grupo que no comía carne, pero sí pescado, ¡no mejoró! a pesar del DHA. Sé que esto es un piloto que ni es evidencia ni es nada, y que solo sirve para formular una hipótesis, pero la hipótesis es bastante molona, ¿o no?

Además, tenemos que comentar también que la suplementación con omega 3 procedente de pescado no ha demostrado su eficacia de forma concluyente ni en la prevención de accidentes cardiovasculares ni en relación a la mejora de otras patologías, se gún el National Center for Complementary and Alternative Medicine, centro perteneciente al Departamento de Salud de Estados Unidos.

Así que, en relación a la salud cardiovascular, no parece haber motivos de preocupación respecto a los vegetarianos y sus niveles de DHA. Pero ¿y el desarrollo y mantenimiento de la función cognitiva? ¿Qué pasa con eso?

DHA, vegetarianos y función cognitiva

Este es, en mi opinión, el punto que genera más discrepancias. Y es lógico, porque es un tema en el que actualmente se está investigando mucho, pero lo cierto es que no hay demasiados resultados concluyentes. Y hablo de estudios en población general, no en vegetarianos.

Las dos preguntas a formularse en este apartado serían: ¿repercute el menor estatus de DHA en el desarrollo nervioso-cognitivo de los niños vegetarianos? ¿Y en la salud mental y en el desarrollo de enfermedades neurodegenerativas en adultos?

Es difícil contestar a ambas.

Por un lado, no existe evidencia de que tasas más bajas de DHA en vegetarianos se relacionen con efectos adversos a nivel cognitivo ni de salud, ni siquiera en niños nacidos de madres vegetarianas (6).

Pero por el otro, hay revisiones recientes en niños no-vegetarianos, que sí encuentran alguna mejoría a nivel de aprendizaje y conducta con suplementación de DHA en niños sanos, no llega a ser una evidencia concluyente tanto por la disparidad de la metodología usada en los estudios incluidos en la revisión, como por los resultados neutros de al menos la mitad de ellos (11). Ni siquiera revisiones exhaustivas encuentran respuesta a día de hoy al tema, e incluso alertan del posible uso con fines puramente mercantilistas de los suplementos de DHA en productos dirigidos a población infantil (12). E insisto, estaríamos hablando en todo caso de suplementar a todos los niños, no solo a los vegetarianos.

Sobre el riesgo de demencia y la pérdida de función cognitiva en adultos de edad avanzada y el posible efecto protector de los omega 3 tenemos una revisión Cochrane de 2012 (13). De nuevo, es sobre población general, no sobre vegetarianos, pero es lo que hay. Concluye diciendo que la evidencia directa de los efectos de los omega 3 en la incidencia de demencia es insuficiente y que su suplementación no muestra beneficios en la salud cognitiva.

Así que de momento, el hecho de que los vegetarianos tengan menor estatus de DHA que los consumidores de pescado (ojo, no que los omnívoros en general) no parece que sea motivo para tomar medidas en forma de suplemento, sobre todo porque ni siquiera sabemos dónde está el límite bajo. Ahora, eso no quita que tomemos algunas precauciones:

Omega 3 en dietas vegetarianas. ¿Qué hacemos?

En principio, parece sensato garantizar el aporte de ALA de fuentes vegetales, controlando el aporte de ácidos grasos omega 6 que compitan por su metabolización. Es habitual que en el primer mundo la alimentación sea excesivamente rica en omega 6, pero cuando esto ocurre el omega 3 queda relegado y sus efectos positivos no suceden. Por tanto es igual de importante mantener un consumo adecuado de omega 3 como mantener el omega 6 a raya. Lo cual, en España, no debería ser mayor problema. Me explico:

Las recomendaciones que tenemos sobre ingesta de ALA en vegetarianos están dirigidas a población estadounidense y como sabemos la dieta de los norteamericanos es distinta a la nuestra. Específicamente, en el perfil lipídico hay diferencias importantes: en España la grasa de referencia es el aceite de oliva, que contiene en su mayor parte ácidos grasos de la serie omega 9 que no compiten por la metabolización con el omega 3 como sí sucede con los omega 6.

En EE.UU., en cambio, sí que se suelen usar habitualmente aceites de semillas u otro tipo de grasas ricas en omega 6, por lo que sus niveles de este ácido graso serían en principio más altos que el de un español con dieta saludable cuya grasa de referencia sea el aceite de oliva. Por tanto, el primer paso para cubrir requerimientos de omega 3, que es disminuir el consumo de omega 6, los españoles ya lo llevamos de serie y no debería suponernos mayor problema.

En relación a las personas vegetarianas, hace años que el consejo que se suele facilitar es moderar el consumo de alimentos ricos en omega 6, ya que compiten por la vía de metabolización con el omega 3, y asegurar el aporte de este último para favorecer la conversión ALA-DHA. En este sentido, un reciente metaanálisis publicado en 2015 (14), viene a concluir que aunque hacen falta más estudios y mejor diseñados, este sigue siendo a día de hoy el mejor consejo

Como estrategia para mantener un adecuado equilibrio entre omega 6 y omega 3, y un aporte suficiente de ALA de origen vegetal se propone:

1º Reducir el consumo de aceites ricos en omega 6: aceites de semillas (girasol), maíz o soja, margarinas y otras grasas industriales. Es razonable que en España la grasa de referencia sea el aceite de oliva, que es además un aceite con bajo contenido en omega 6.

2º Asegurar la ingesta de ALA (1-1,5 g/día) según las recomendaciones para población europea de la FESNAD:

- 10-15 g de nueces.
- 5-8 g de semillas de lino machacadas o rotas.
- 2,5-5 g de aceite de lino.

Existen otras fuentes vegetales ricas en ALA como las semillas de chía, que no he incluido por tener menos distribución en nuestro país, ser bastante más caras y con un contenido en ALA inferior al de las semillas de lino.

Otro buen consejo, aunque aún no hay resultados concluyentes en humanos, es acompañar los alimentos ricos en ALA con cúrcuma, ya que la curcumina que esta contiene parece favorecer en gran medida la conversión del ALA en DHA en el cerebro y los propios investigadores lo señalan como interesante para las dietas con un consumo bajo de pescado o que no lo tomen en absoluto (15).

Si se decide recurrir al suplemento, una dosis de entre 200 y 300 mg de DHA al día sería lo adecuado (4), aunque en principio no habría porqué recomendar la suplementación de DHA de manera universal a población vegetariana, sí que podría ser prudente hacerlo en ancianos o personas con enfermedades crónicas.

Apuntamos por último que en España es habitual que se recomiende suplementación con DHA a algunas embarazadas no-vegetarianas y por tanto podemos deducir que a algunas embarazadas vegetarianas también se les pautará. En ese caso, los profesionales sanitarios deben conocer los productos existentes para la suplementación de DHA aptos para vegetarianos y por supuesto no recomendar nunca a una mujer embarazada vegetariana un suplemento de DHA fabricado a base de aceite de pescado o de kril. Siempre se buscará una referencia apta para veganos, como son los suplementos fabricados a base de microalgas.

Un mensaje para los obcecados con este tema: si hay que suplementar el DHA, se suplementa. No pasa nada. Porque vivimos en el primer mundo y podemos, y mal que os pese, no estamos tan mal (o eso dice la dichosa epidemiología)

También he oído algo sobre el zinc...

Con el zinc hay mucha menos controversia, a pesar de que es otro de los minerales que suele aparecer en la listas de «nutrientes a vigilar» en la alimentación vegetariana.

Es cierto que el zinc no se encuentra en grandes cantidades en los alimentos vegetales y su biodisponibilidad es menor por la presencia de fitatos. Según un metaanálisis de 2013 que analiza el efecto de la dieta vegetariana en el estatus de zinc (16), las personas vegetarianas tienen niveles más bajos de este mineral que el resto de la población, pero hay grandes variaciones según el tipo de dieta vegetariana que lleven, por lo que no nos es de gran utilidad, ya que evidentemente una alimentación vegetariana mal planteada tendrá diversos problemas, igual que una omnívora mal planteada, pero el problema en ambos casos será el mal planteamiento, no el estilo de alimentación en sí.

Por ello, en poblaciones subdesarrolladas, sí es habitual en encontrar niveles bajos de zinc, entre otras carencias que a menudo responden más a que la dieta no es adecuada ni suficiente y no que a que sea o no vegetariana: de ahí la importancia de valorar en qué tipo de población se han hecho los estudios y si es comparable a la nuestra o no, tal y como comentábamos en el primer capítulo.

En 2015 Foster y Samman evaluaron el impacto de la dieta vegetariana en los niveles de zinc a lo largo del ciclo vital (17) y concluyeron que, para variar, no sabemos demasiado, pero que es prudente darle a esta población consejo sobre el tema. Pues vale, gracias.

Parece que la menor biodisponibilidad de zinc en las dietas veganas no llega a suponer un problema si la alimentación es suficiente, como es habitual en el mundo occidental, y además vemos de nuevo cierta adaptación metabólica a las ingestas bajas de zinc en vegetarianos que hace que aumente su retención por lo que a pesar de las diferencias de ingesta, no tienen mayor riesgo de déficit que el resto de la población (18), por lo que no se necesitarían recomendaciones específicas para cubrir requerimientos de esta nutriente más allá de las recomendaciones de mantener una dieta vegetariana saludable.

¿Dónde encontramos zinc? Una buena fuente de zinc son los cereales integrales, el tofu, el tempeh, las legumbres, los frutos secos y semillas y también los lácteos si se consumen.

Además, varias técnicas de cocina habituales como el remojo de las legumbres, la germinación, la cocción y la fermentación de los preparados de panadería reducen la unión del zinc con el ácido fítico, por lo que aumenta así su biodisponibilidad, igual que hemos comentado anteriormente con otros nutrientes. Sí, sé que, a estas alturas lo de remojar, germinar, fermentar y cocer lo tenéis todos más que claro, porque lo he repetido unas diez veces. También la ingesta conjunta con fuentes de vitamina C (fruta y verdura cruda) aumenta la absorción de zinc (18, 19), tal y como hemos visto que sucede también con el hierro.

Yodo, *algas y sal*

En España, la deficiencia de yodo es endémica en algunas zonas y han existido programas de prevención en varias comunidades autónomas que han reducido la prevalencia de ese déficit, como en Asturias que impuso el uso de sal yodada en los comedores escolares en los 90 (20). Además en España se recomienda un suplemento de yodo las mujeres embarazadas (21), y a la población general se le aconseja el uso de sal yodada (22).

No existen, para variar, estudios específicos en población española vegetariana sobre niveles de yodo y los estudios realizados en otros países no son vinculantes, puesto que la situación no es equiparable a la de España, que tiene condicionantes concretos, así que por el momento, el mejor consejo para los vegetarianos es el mismo que le daríamos al resto de la población: que usen sal yodada.

A menudo me preguntan si no es lo mismo usar sal marina, que dado su origen parece que ya tiene que traer yodo *per se*. Y no, no es lo mismo. El proceso de limpieza de la sal y su refinado acaban con el yodo que pudiera contener o, al menos, con la mayor parte de él. Tampoco es fuente segura de yodo la sal marina sin refinar, porque el proceso de limpieza lo pasa igualmente antes de su envasado. Solo la sal etiquetada como «yodada» tiene la cantidad de yodo necesaria. Ninguna otra.

¿Y por qué no algas?

Las algas están de moda. Ya no son ese producto exótico prácticamente inexistente por estos lares que comíamos con asquillo en los restaurantes japoneses. Ahora las algas son gallegas y las venden en los hipermercados.

En muchos sitios leeréis que las algas son muy buenas

por ser riquísimas en minerales (entre ellos yodo), vitaminas, fibra y bajas en grasa y calorías. Parece que, con introducir un consumo frecuente de algas en nuestra alimentación, estaremos supervitaminados y mineralizados. Y es cierto. Pero no es toda la verdad.

El uso de algas como fuente de yodo está desaconsejado ya que a menudo presentan un contenido en este mineral que se sitúa por encima del límite superior establecido por las autoridades sanitarias y puede generar efectos adversos (23). A mis pacientes siempre les digo que las algas las usen más como un condimento que como ingrediente principal de un plato. No es para nada seguro introducir de repente en la dieta un consumo elevado y frecuente de algas en una población tan poco adaptada a altas ingestas de yodo como la nuestra.

Los pueblos que llevan siglos consumiendo grandes cantidades de algas, como es el caso de Japón, están adaptados a este tipo de alimentación y por ello soportan mucho mejor la sobrecarga de yodo, y aun así no se libran de las consecuencias (24).

En España por el contrario, siendo la deficiencia de yodo endémica en muchas zonas, imaginad el festival que puede suponer a nuestro metabolismo empezar a ingerir cantidades astronómicas de yodo de golpe y porrazo. Y a eso le añadimos que es frecuente que las algas estén contaminadas con metales pesados (25), lo que tampoco es un aliciente para consumirlas a destajo.

En conclusión: es un error recomendar algas para suplir deficiencias nutricionales. Es un error creer que las algas son la panacea y que lo ideal es incluirlas en nuestra dieta de forma habitual, ya que su alto contenido en yodo puede tener efectos perjudiciales y el resto de nutrientes que aportan podemos conseguirlo de una alimentación saludable sin mayor problema.

Y, por supuesto, es un error creer que tomar algas compensa el resto de desaguisados nutricionales que hagamos con nuestra alimentación como si fueran milagrosas. Ningún alimento concreto compensa una mala dieta. Nunca.

Taurina y Carnitina

La taurina y la carnitina no son nutrientes esenciales ya que el organismo es capaz de sintetizarlas a partir de la cisteína la primera y de lisina y metionina la segunda Los vegetarianos suelen tener niveles más bajos de taurina sérica porque los alimentos vegetales no la contienen (26), sin embargo, tal y como viene sucediendo con otros nutrientes, esos niveles no parecen tener ninguna implicación en la salud. Algo similar ocurre con la carnitina, las diferencias de estatus no son significativas a nivel clínico ni siquiera en niños (27).

Si se cubren los requerimientos proteicos existirá cisteína, lisina y metionina suficiente disponible para sintetizar tanto taurina como carnitina.

Creatina

La creatina es un nutriente que se obtiene de determinados aminoácidos (arginina, metionina y glicina) y que está presente como tal principalmente en alimentos de origen animal. El ser humano es capaz de sintetizar endógenamente creatina a partir de los aminoácidos mencionados, de hecho los bebés lactantes sintetizan el 90% de la creatina que necesitan (28), ya que la leche materna aporta solamente alrededor del 9% de la misma. La leche de fórmula a base de leche de vaca aporta mucha más y la fabricada a base de soja mucha menos, y por lo visto sin problema en ninguno de los casos.

Esto también sucede por ejemplo con el colesterol, que se sintetiza en nuestro organismo aunque el aporte dietético sea nulo como ocurre con una alimentación vegana. Es decir, no necesitamos suplementarlo.

La mayor parte de la creatina de nuestro organismo se encuentra en los músculos, y se usa en el proceso de creación de energía (ATP) en unión con el fósforo. Es por ello que es uno de los suplementos más usados en deportistas (en deportistas en general, no en deportistas vegetarianos, ojo) y uno de los pocos que cuenta con evidencia contrastada. Pero no estoy hablando de deportistas.

Esta bien saber, antes de seguir, que no existe la deficiencia de creatina como situación patológica, como si sucede con otros nutrientes. Algún ejemplo recurrente: el hierro, cuya deficiencia causa anemia ferropénica, o la vitamina C cuya ingesta insuficiente causa escorbuto, etc. Si existen trastornos congénitos de déficit de creatina, pero evidentemente no son el caso que nos ocupa. Y bueno, decir que la principal referencia que tenemos de los niveles de creatina en vegetarianos, es del 89 (29) , que ya ha llovido. Se ve que no es un tema candente precisamente, si nos salimos del ámbito deportivo en el que si que hay multitud de referencias.

Entonces, cuando no sabemos por debajo de qué límite se presenta un déficit nutricional (hay manifestaciones clínicas) resulta un poco contradictorio pretender suplementar al grupo que lo tenga más bajo, ya que probablemente no sea un problema. Por ejemplo, las personas vegetarianas suelen tener mayores niveles de antioxidantes en plasma que las personas no-vegetarianas sanas (30), y no por ello pretendemos cascarles a todos los omnívoros cápsulas de antioxidantes por si acaso.

Pero volvamos al tema:

No creáis que hay muchos estudios al respecto de los vegetarianos y la creatina, que no sean de rendimiento deportivo, pero algo tenemos, veamos:

En 2011 Benton y Donohe (31) estudiaron como afectaba la suplementación de creatina a la función cognitiva de vegetarianos y no-vegetarianos. En ese estudio se comprobó que el grupo vegetariano mejoraba la memoria tras la suplementación con creatina, sí. Pero lo interesante, es que al inicio del estudio no había diferencia significativa entre grupos, es decir, vegetarianos y no-vegetarianos tenían una memoria similar, y tras la suplementación los vegetarianos los superaron. Entonces, la conclusión es que los vegetarianos son más sensibles a la suplementación con creatina, no que su capacidad cerebral este mermada respecto a la población no-vegetariana. Hay que decir que los mismos autores tienen dudas sobre ese resultado, ya que se midió memorizando listas de palabras y creen que puede que unas listas fueran más fáciles que otras o hubiera algún factor que afectara al resultado.

However, at baseline, memory did not differ depending on dietary style, so any hypothesised creatine deficiency in vegetarians did not influence memory, rather it was found that vegetarians were more sensitive to supplementation with creatine.

Más recientemente, un estudio de 2014 (32), compara niveles de creatina en el cerebro entre vegetarianos y no-vegetarianos. Con una muestra ridícula, todo hay que decirlo, pero concluye que aunque la ingesta de creatina era menor en los vegetarianos, los niveles de creatina cerebrales eran similares. Por tanto, y copio literalmente «la creatina dietética no tiene influencia en el contenido de creatina cerebral en individuos sanos, sugiriendo que en condiciones normales el cerebro depende de su propia síntesis de creatina».

Los autores añaden que esto refuta la hipótesis anterior que sostenía que podía ser que la suplementación de creatina tuviera efecto beneficiosos a nivel cognitivo en vegetarianos por que sus niveles cerebrales fueran más bajos y refuerza los estudios que sugerían que el contenido cerebral de creatina depende principalmente de la síntesis endógena y no de la dieta. Uno de los estudios que sostenía la primera hipótesis era este de Rae et al en 2003 (33) en el que aunque el suplemento de creatina mejoraba la función cerebral, tanto el grupo control como el grupo intervención eran vegetarianos, por lo que no sabemos si les hubiera pasado lo mismo a los no-vegetarianos...

Entonces ¿suplementamos la creatina de manera sistemática a toda la población vegetariana? No.

¿Y si soy deportista?

Si eres deportista, vegetariano o no, busca un buen D-N especializado en nutrición deportiva para que te aconseje sobre si en tu caso es adecuado o no suplementar la creatina o cualquier otro nutriente.

Recuerda que antes de los suplementos van los alimentos, no quieras empezar la casa por el tejado, de nada te servirá tener un plan de suplementación exquisito si tu dieta (vegetariana o no) es una mierda. Los deportistas vegetarianos pueden beneficiarse del suplemento de creatina especialmente, no veo motivo por el cual no hayan de tomarlo, previo asesoramiento.

Por favor, un resumen de todo esto

Sí, es cierto. Llevo dos capítulos haciéndome la dietista seria con muchos estudios y referencias. Y todavía os queda la B12, esto no termina aquí.

En realidad, cubrir requerimientos de todos estos nutrientes se traduce en unos consejos sencillos:

1. Asegúrate de que comes suficiente y hazlo a base de alimentos ricos en nutrientes, no de calorías vacías. Creo que a estas alturas ya sabes qué alimentos son esos, pero lo repito:

verduras, hortalizas, frutas, legumbres y derivados, semillas, frutos secos, cereales integrales y grasas de calidad como el aceite de oliva virgen extra o el aguacate.

2. Alterna el consumo de vegetales crudos y cocidos para beneficiarte de las ventajas de ambas preparaciones y procura que estén siempre presentes en tus comidas. Que no te falten las hojas verdes (col, col rizada, berza...) ni las crucíferas (coliflor, brócoli).

3. Recuerda remojar las legumbres y los granos. O germinar. O fermentar. O tostar los frutos secos. Y cocer, claro, cuando corresponda. Y romper o triturar las semillas antes de comerlas para acceder a los nutrientes que contienen.

4. Procura que haya una porción de alimento proteico de calidad en todas las ingestas principales. En el capítulo 3 tienes algunos ejemplos.

5. Haz ejercicio físico y toma el sol.

6. Bebe agua.

7. Supleméntate la B12. Y, con esto, nos metemos de lleno en el tema del capítulo siguiente.

BIBLIOGRAFÍA DEL CAPÍTULO 4

1. Morales P J, Valenzuela R, González M D, González E M, Tapia O G, Sanhueza C J, et al. Nuevas fuentes dietarias de acido alfa-linolénico: una visión crítica. Rev chil nutr. 2012;39(3):79-87.

2. Welch AA, Shakya-Shrestha S, Lentjes MA, Wareham NJ, Khaw KT. Dietary intake and status of n-3 polyunsaturated fatty acids in a population of fish-eating and non-fish-eating meat-eaters, vegetarians, and vegans and the product-precursor ratio [corrected] of alpha-linolenic acid to long-chain n-3 polyunsaturated fatty acids: results from the EPIC-Norfolk cohort. Am J Clin Nutr. 2010;92(5):1040-51.

3. Flock MR, Harris WS, Kris-Etherton PM. Long-chain omega 3 fatty acids: time to establish a dietary reference intake. Nutr Rev. 2013;71(10):692-707.

4. Saunders AV, Davis BC, Garg ML. Omega 3 polyunsaturated fatty acids and vegetarian diets. Med J Aust. 2013;199(4 Suppl):S22-6.

5. Sanders TA. Plant compared with marine n-3 fatty acid effects on cardiovascular risk factors and outcomes: what is the verdict? 2014.

6. Sanders TA. DHA status of vegetarians. Prostaglandins Leukot Essent Fatty Acids. 2009;81(2-3):137-41.

7. Harris WS. Achieving optimal n-3 fatty acid status: the vegetarian's challenge . . . or not. 2014.

8. Mangat I. Do vegetarians have to eat fish for optimal cardiovascular protection? Am J Clin Nutr. 2009;89(5):1597s-601s.

9. Burns-Whitmore B, Haddad E, Sabaté J, Rajaram S. Effects of supplementing n-3 fatty acid enriched eggs and walnuts on cardiovascular disease risk markers in healthy free-living lacto-ovo-vegetarians: a randomized, crossover, free-living intervention study. Nutr J. 132014. p. 29.

10. Beezhold BL, Johnston CS. Restriction of meat, fish, and poultry in omnivores improves mood: A pilot randomized controlled trial. Nutr J. 112012. p. 9.

11. Kuratko CN, Barrett EC, Nelson EB, Salem N, Jr.

The relationship of docosahexaenoic acid (DHA) with learning and behavior in healthy children: a review. Nutrients. 2013;5(7):2777-810.

12. Heaton AE, Meldrum SJ, Foster JK, Prescott SL, Simmer K. Does docosahexaenoic acid supplementation in term infants enhance neurocognitive functioning in infancy? Front Hum Neurosci. 2013;7:774.

13. Sydenham E, Dangour AD, Lim WS. Omega 3 fatty acid for the prevention of cognitive decline and dementia. 2012.

14. Wood KE, Mantzioris E, Gibson RA, Ramsden CE, Muhlhausler BS. The effect of modifying dietary LA and ALA intakes on omega 3 long chain polyunsaturated fatty acid (n-3 LCPUFA) status in human adults: a systematic review and commentary. Prostaglandins Leukot Essent Fatty Acids. 2015;95:47-55.

15. Wu A, Noble EE, Tyagi E, Ying Z, Zhuang Y, Gomez-Pinilla F. Curcumin boosts DHA in the brain: Implications for the prevention of anxiety disorders. Biochim Biophys Acta. 2015;1852(5):951-61.

16. Foster M, Chu A, Petocz P, Samman S. Effect of vegetarian diets on zinc status: a systematic review and meta-analysis of studies in humans. J Sci Food Agric. 2013;93(10):2362-71.

17. Foster M, Samman VS. Vegetarian diets across the lifecycle: impact on zinc intake and status. Adv Food Nutr Res. 2015;74:93-131.

18. Saunders AV, Craig WJ, Baines SK. Zinc and vegetarian diets. Med J Aust. 2013;199(4 Suppl):S17-21.

19. Gibson RS, Heath AL, Szymlek-Gay EA. Is iron and zinc nutrition a concern for vegetarian infants and young children in industrialized countries? Am J Clin Nutr. 2014;100 Suppl 1:459s-68s.

20. Deficiencia de Yodo en la Dieta de la Población

Española. Endocrinología y Nutrición: Grupo de trabajo de la Sociedad Española de Endocrinología y Nutrición (SEEN) sobre Trastornos relacionados con la Deficiencia de Yodo (TDY); 2007. p. 236.

21. López MJ SM, Calderay M. Suplementos en embarazadas, controversias, evidencias y recomendaciones. IT del Sistema Nacional de Salud; 2010.

22. SEEN. Déficit de yodo en España, situación actual. Grupo de Trabajo de Trastornos por Déficit de Yodo, de la Sociedad Española de Endocrinología y Nutrición. Ministerio de Sanidad y Consumo; 2007.

23. Basulto J, Orti A. Con respuesta: ¿Es conveniente tomar algas? 2013.

24. Zava TT, Zava DT. Assessment of Japanese iodine intake based on seaweed consumption in Japan: A literature-based analysis. Thyroid Res. 42011. p. 14.

25. Palou A, Badiola JJ, Anadón A, Bosch A, Cacho JF, Cameán AM, et al. Report of the Scientific Committee of the Spanish Agency for Food Safety and Nutrition (AESAN) related to the risk assessment associated to the possible presence of arsenic in algae intended to human consumption. Número de referencia: AESAN-2009-10; 2009.

26. Laidlaw SA, Shultz TD, Cecchino JT, Kopple JD. Plasma and urine taurine levels in vegans. Am J Clin Nutr. 1988;47(4):660-3.

27. Lombard KA, Olson AL, Nelson SE, Rebouche CJ. Carnitine status of lactoovovegetarians and strict vegetarian adults and children. Am J Clin Nutr. 1989;50(2):301-6.

28. Edison E, Brosnan M, Aziz K, Brosnan J. Creatine and guanidinoacetate content of human milk and infant formulas: Implications for creatine deficiency syndromes and amino acid metabolism. The British journal of nutrition 02/2013; 110(6):1-4.

29. Delanghe J, Vermeulen A. Normal Reference Values for Creatine, Creatlnine, and Carnitine Are Lower in Vegetarians. Clinical Chemistry August 1989 vol. 35 no. 8 1802-1803

30. Szeto YT1, Kwok TC, Benzie IF. Nutrition. Effects of a long-term vegetarian diet on biomarkers of antioxidant status and cardiovascular disease risk. 2004 Oct;20(10):863-6.

31. Benton D, Donohoe R. The influence of creatine supplementation on the cognitive functioning of vegetarians and omnivores. Br J Nutr. 2011 Apr;105(7):1100-5.

32. Yazigi Solis M, de Salles Painelli V, Giannini Artioli G, Roschel H, Concepción Otaduy M, Gualano B. Brain creatine depletion in vegetarians Across-sectional H-magnetic resonance spectroscopy (^{1}H-MRS) study. Br J Nutr. 2014 Apr 14;111(7):1272-4.

33. Rae C, Digney AL, McEwan SR, Bates TC. Oral creatine monohydrate supplementation improves brain performance: a double-blind, placebo-controlled, cross-over trial. Proc Biol Sci. 2003 Oct 22;270(1529):2147-50.

Capítulo 5

LA VITAMINA B12 EN LA ALIMENTACIÓN VEGETARIANA

«El que quiere hacer algo busca un medio. El que no, una excusa».

Proverbio árabe

Este es el capítulo en el que me voy a poner más seria. Es necesario.

La vitamina B12 es el caballo de batalla de la alimentación vegetariana. Sobre ella se habla en todos los foros, libros y webs dedicados al vegetarianismo. Se la nombra en toda las charlas. Está presente en todas las recomendaciones específicas dirigidas a este colectivo. O debería.

Se dicen muchas cosas sobre la B12, los debates se eternizan y parece que podemos dividir a los vegetarianos en tres grupos: los que están en contra de la suplementación, los que están a favor y los que aún no se han enterado de nada.

Voy a ir al grano: la población vegetariana debe suplementarse la B12 o, en su defecto, tomar alimentos enriquecidos, aunque a mí esta no me parece la mejor opción luego veremos por qué. Ya está. No hay más. Esto es lo que sostiene toda la evidencia científica de la que disponemos hasta el momento. No hacerlo es jugar con fuego, mientras que la suplementación no tiene efectos secundarios ni riesgos y es barata. Si un adulto decide jugar a la ruleta rusa, está en su derecho, pero suplementad a los niños, sean ovolactovegetarianos o veganos.

Es muy importante señalar que las últimas investigaciones (Pawlak, 2013, 2014) señalan un muy frecuente déficit de B12 también en ovolactovegetarianos, por lo que parece sensato suplementar esta vitamina, ya que, citando a Pawlak y colaboradores: «mientras que puede tomar un tiempo relativamente largo que se agoten las reservas de B12, una vez agotadas, los síntomas de su deficiencia, algunos de los cuales son irreversibles, pueden ocurrir rápidamente».

Así pues, la creencia habitual de que los ovolactovegetarianos no deben suplementarse, está obsoleta. De cualquier modo, ¿sabéis qué cantidad de lácteos y huevos habría que tomar al día, aproximadamente, para cubrir requerimientos de B12? Porque es habitual oír que con un huevo o dos a la semana o con un poco de queso ya es más que suficiente. Craso error.

En primer lugar, veamos qué cantidad de B12 se recomienda tomar al día a la población general. Estas cantidades han sido revisadas recientemente por la EFSA (Autoridad Europea de Seguridad Alimentaria) y son de 4 microgramos al día para mayores de 15 años, de 4,5 microgramos para embarazadas y de 5 microgramos para madres lactantes (1). Estas cifras prácticamente duplican las que recomendaba la FESNAD en 2010 en su documento de *Ingestas dietéticas de referencia para población española* (2), que eran de 2 microgramos a partir de los 14 años, de 2,2 microgramos en el embarazo y de 2,6 microgramos durante la lactancia.

Vamos a ver también qué cantidad de B12 tienen los huevos y algunos lácteos, según las tablas de la BEDCA (Base Española de Datos de Composición de Alimentos):

- Huevo cocido (por unidad de 50 gramos): 0,6 microgramos.
- Leche entera (100 gramos): 0,3 microgramos.
- Leche semidesnatada (100 gramos): 0,4 microgramos.
- Leche desnatada (100 gramos): 0,22 microgramos.
- Yogur natural (125 gramos): 0,37 microgramos.
- Requesón (100 gramos): 0,78 microgramos.
- Queso fresco (100 gramos): 0,66 microgramos.
- Queso tierno (100 gramos): 1,4 microgramos.
- Queso semicurado (100 gramos): 1,5 microgramos.
- Queso curado (100 gramos): 1,5 microgramos.
- Queso azul (100 gramos): 0,59 microgramos.

Vemos que solo con huevos, sería necesario el consumo de unos 3 huevos al día para cumplir recomendaciones de la FESNAD y más de 6 para cumplir con las recomendaciones actualizadas de la EFSA. Es bastante inviable ¿no os parece?

Con un vaso de leche semidesnatada (220 mililitros) obtendríamos solo 0,88 microgramos de B12. Necesitaríamos dos vasos y pico al día para cubrir las recomendaciones de la FESNAD y unos 4 vasos y medio para llegar a las de la EFSA.

Con el queso no hago los cálculos, porque los 100 gramos ya son una cantidad considerable y como veis el aporte es bajo. Habitualmente la ración de queso es de unos 30 gramos en quesos curados y de unos 50-80 gramos en los quesos frescos: echad cuentas.

Lo mismo ocurre con el yogur natural: necesitamos más de 5 yogures solo para llegar a lo recomendado por la FESNAD.

Antes de las nuevas recomendaciones de B12 de la EFSA, hacíamos una aproximación y decíamos que, más o menos con 3 raciones al día de lácteos y/o huevos se podían alcanzar niveles aceptables de B12.

Por ejemplo un huevo, un vaso de leche semidesnatada y 50 gramos de queso fresco darían 1,8 microgramos de B12: casi, casi, llega a los a mínimos. Pero atendiendo a las recomendaciones actualizadas de la EFSA, resulta casi imposible llegar cada día a cubrir requerimientos sin desplazar totalmente el consumo de otros alimentos. Así que, ovolactovegetarianos, suplementaos.

Pero vayamos por partes:

¿Qué es y dónde se encuentra la B12?

La B12 o cobalamina es una vitamina hidrosoluble de origen bacteriano. Sí, has leído bien. No es de origen animal: la sintetizan bacterias.

Sus funciones son esenciales: la B12 es necesaria para mantener el funcionamiento correcto del cerebro y del sistema nervioso, así como para la eritropoyesis o formación de los glóbulos rojos sanguíneos. También está implicada en la síntesis de ADN y en el metabolismo de las proteínas.

Los alimentos en los que encontramos vitamina B12 biodisponible, es decir, en un formato aprovechable por nuestro organismo, son los alimentos de origen animal: carnes y derivados, pescados y mariscos, huevos y lácteos. La miel, a pesar de ser un alimento de origen animal, no tiene B12.

Hay alimentos de origen vegetal que se citan con frecuencia como fuente de B12: las algas, especialmente la espirulina; la levadura de cerveza, los fermentados, etc. Es muy importante saber que estos productos no contienen la forma de B12 activa apta para el organismo humano, sino que contienen corrinoides o análogos de B12 que son suficientes para el crecimiento bacteriano, pero no para las funciones de nuestro metabolismo.

Además de no ser activos, estos análogos de B12 pueden entorpecer la absorción de la B12 activa y falsear una analítica, como veremos.

Es cierto que algunos estudios han encontrado B12 activa en el alga nori (3) fresca y también en el alga chlorella (4). Pero para considerarlas como fuente segura de B12 nos falta confirmación y sobre todo usabilidad. A día de hoy no son un recurso realista para el vegetariano occidental.

El estudio sobre la chlorella como fuente biodisponible de B12 es muy reciente, de octubre de 2015, y en principio, en un primer vistazo, parece prometedor: es un estudio de intervención y, aunque la muestra no es muy grande, sí que está bien diseñado.

Los test de laboratorio ya habían mostrado que la B12 contenida en la chlorella era la forma activa y no los análogos que encontramos en otras algas como la espirulina. Por ello los investigadores decidieron ir más allá y pasar la prueba de fuego, es decir, ver si consumiendo chlorella se podía remontar un déficit de B12 en humanos.

Los resultados fueron razonablemente buenos, aunque la estadística podría ser discutible, como me señaló Eduard Baladia, que de esto sabe un rato: en cinco de los diecisiete participantes en el estudio, los resultados no fueron los esperados y no nos indican el motivo. Aun así, los investigadores concluyen que la chlorella puede ser una buena fuente natural de B12 biodisponible, aunque haría falta replicar el estudio en una muestra más grande de población.

Además, en ese estudio hay que señalar los conflictos de interés, ya que el trabajo lo pagó la Sun Chlorella Corporation y, a pesar de que se trata en principio de un estudio bien hecho y bien diseñado, es una información que hay que tener en cuenta a la hora de ver cómo se presentan los resultados, que quizá lo hacen de forma demasiado optimista, dado el tamaño de la muestra y la significancia estadística.

Por tanto, aunque el resultado es interesante, a la hora de la verdad no tiene mucha utilidad por el momento.

La B12 también se encuentra presente en la tierra y, por tanto, las verduras sin lavar pueden tener algo de B12. Pero, evidentemente, aconsejar consumir verduras sin lavar como fuente posible (ni siquiera segura) de B12 parece poco menos que una locura, ya que nos arriesgamos a contraer infecciones y enfermedades. Muchas verduras, incluso las de cultivo ecológico, contienen restos fecales provenientes de abonos y del agua de riego, así como parásitos y restos de pesticidas. A nadie en su sano juicio se le debería ocurrir dar una recomendación semejante, ni seguirla.

Puede que os estéis preguntando, y con razón, de dónde obtienen su B12 los animales herbívoros. En un entorno natural ellos sí que comen sus vegetales sin lavar, evidentemente. Pero en un entorno de cría industrial, la B12 que consumen proviene de la suplementación de los piensos.

Es decir, aquí y ahora, nos suplementamos todos, de forma directa o indirecta, salvo aquellos que solo consumen productos de animales criados en libertad y comiendo pasto, que es una pequeña minoría.

Así que criticar la suplementación de B12 diciendo que es algo poco natural mientras estamos sentados en un sofá, llevando zapatos, con luz eléctrica encendida y un *smartphone* en el bolsillo parece un poco raro. Y si encima nuestra B12 proviene del mismo suplemento que la de un vegetariano, pero administrado a los animales que me como, ya roza lo ridículo.

A pesar de todo, las personas vegetarianas creen en su mayoría que tomar un suplemento de B12 es un perjuicio nimio y totalmente asumible. Cuando somos conscientes de las implicaciones éticas, políticas, económicas, filosóficas y medioambientales de la dieta vegetariana, usar la B12 como ataque en un mundo como este parece un recurso a la desesperada.

A la desesperada por justificar ¿qué? Eso es lo que me gustaría que respondieran los atacantes, ¿qué queréis justificar en vuestra conciencia cuando en un mundo totalmente alejado de lo natural, con una política alimentaria como la que tenemos, os parece criticable consumir un suplemento y no perpetuar el sistema?

No tengo respuestas lógicas para eso. De hecho, me parece que ni existen. Así que continuemos. Vamos a ver un poco mejor qué hace la B12 en nuestro cuerpo.

Absorción de la B12

La B12 contenida en los alimentos se encuentra unida a proteínas. La acción del ácido clorhídrico y de la pepsina (enzima que hidroliza proteínas) en el estómago hacen que la B12 se separe de esas proteínas a las que viene unida y se una a otras proteínas llamadas cobalofilinas o proteínas fijadoras de la B12. De ellas se libera a su vez cuando actúan las proteasas pancreáticas ya en el intestino delgado. La función de las proteasas es romper las proteínas en trozos más pequeños para permitir que sean digeridas. En ese momento, si las condiciones de PH son favorables, la B12 se une al factor intrínseco (FI) formando un complejo que es reconocido por receptores específicos del íleon terminal (una parte del intestino delgado) donde se absorbe y, ya dentro de las células del intestino pasa a la TC2 (transcobalamina 2), que es la proteína que se encarga de transportar la B12 por el organismo y llevarla a donde se la necesita.

Esto sucede así cuando hablamos de dosis fisiológicas, que son las cantidades de B12 contenidas en los alimentos o incluso en la suplementación diaria. Pero si hablamos de dosis farmacológicas (de 1.000 microgramos o más) la absorción ya no depende del factor intrínseco y la B12 se puede difundir atravesando directamente la barrera intestinal y apareciendo en sangre mucho antes que por la ruta anterior. Esto se puede aprovechar en individuos con problemas de absorción (5) y así se evitaría tener que inyectar la B12, ya que la suplementación a dosis farmacológicas ha demostrado ser igual de eficaz (6), incluso en pacientes gastrectomizados (7) (personas a las que por algún motivo se les ha tenido que extirpar el estómago o una parte de él).

Por tanto, de cara a garantizar la absorción, la dosis farmacológica es la más segura.

¿Cómo podemos saber si un vegetariano tiene déficit de B12?

El déficit típico de B12 es el que cursa con anemia megaloblástica, también llamada anemia perniciosa. Es un tipo de anemia diferente a la ferropénica (la causada por déficit de hierro, que es la más habitual), se trata en este caso de una anemia macrocítica. Veamos que significa:

El término megaloblástica viene de blastos (células precursoras de médula ósea), y megalo (que significa 'muy grande'). Esas células se vuelven así porque su núcleo no madura adecuadamente, pero sí lo hace su citoplasma (lo que va rodeando el núcleo de la célula).

Con este tipo de anemia pasa que se frena la síntesis de ADN y las células en lugar de dividirse, crecen más de lo normal (de ahí lo de macrocítica).

Es un tipo de anemia fácilmente detectable mediante una analítica de sangre y habitualmente tiene cura, salvo algunas variantes genéticas poco comunes.

Sucede que la anemia megaloblástica no solo está causada por un déficit de B12, sino también de vitamina B9 (ácido fólico). De hecho, en muchos casos, la sola suplementación con B9 puede revertir los síntomas (8) de esta patología.

Al ser la dieta vegetariana rica, por lo general, en ácido fólico, es difícil que un déficit de B12 se presente como una anemia megaloblástica. Esto parece en principio una buena noticia, pero no lo es y vamos a ver porqué:

La anemia megaloblástica se diagnostica sin mayor problema y si es debida a un déficit nutricional, el tratamiento es sencillo. En cambio el déficit de B12 que no cursa con anemia megaloblástica es difícil de diagnosticar y además puede no dar síntomas hasta que el problema es grave. Esto no sería alarmante si nuestros profesionales sanitarios tuvieran una formación sólida respecto a este tema en cuanto a pacientes vegetarianos se refiere (que no tienen malabsorción, están sanos, no tienen anemia, no hay déficit de B9... Es decir, que se salen del cuadro clásico), pero no la tienen.

Un vegetariano que acuda al médico de cabecera para conocer su estatus de B12, saldrá probablemente con un volante para una analítica con determinación de B12 sérica (en sangre). Si este parámetro sale en rango, seguramente se concluirá que no hay ningún problema. Además no saldrán alteraciones analíticas de anemia perniciosa como VCM (volumen corpuscular medio) elevado (que es lo que el médico o el dietista-nutrista suele esperar si hay un déficit de B12) por lo que se quedan más tranquilos aún.

Sin embargo, se calcula que el 25 % de los pacientes que tienen alteraciones neurológicas debidas a un déficit de B12 no presentan anemia. Y hablamos de población general, así que, si pudiéramos acotar a vegetarianos, es probable que el porcentaje fuera superior (9). Y también puede ser un déficit asintomático (10), lo que hace que sea aún más peligroso porque puede no detectarse hasta que es demasiado tarde.

Bien, pretender valorar un déficit de B12 teniendo en cuenta solo la determinación sérica es como pretender diagnosticar una anemia ferropénica pidiendo solo el hierro en sangre. No se le ocurriría a nadie. Pedimos hierro, transferrina, ferritina, miramos hematocrito, etc.

Resulta que si la determinación sérica sale baja (si nos sale la B12 baja en un análisis de sangre), sí que podemos sospechar de déficit y tomar medidas, pero si sale en rango no significa que todo vaya bien, por dos motivos:

1. La determinación sérica de B12 no distingue análogos de B12 activa. Recordemos que los análogos son corrinoides, con composición química similar a la B12 que son suficientes para el crecimiento bacteriano, pero no para el metabolismo humano. Los alimentos vegetales a los que

se les atribuye tradicionalmente ser fuente de B12 (algas, espirulina, levaduras, algunas setas...) contienen en realidad análogos (11).

Además, son productos que la población vegetariana consume, por lo general, de manera recurrente. No quiero ni pensar en cuántos de vosotros os tomáis religiosamente cada mañana la espirulina pensando que estáis tomando B12, hierro, un montón de proteínas y a saber cuántas cosas más. Por tanto, como el consumo habitual de análogos puede falsear una analítica y estamos ante una población que suele consumir productos que los contienen, tenemos el primer motivo para tomar con pinzas un resultado de B12 sérica en rango. Además, hay que añadir que ese consumo habitual puede estar entorpeciendo la absorción de la B12 activa si también nos la suplementamos, porque ambas moléculas compiten por la vía de metabolización.

2. La segunda cosa es que la determinación sérica no detecta si la TC2 (transcobalamina 2) va cargada. La TC2 es la proteína que distribuye la B12 por el organismo y la introduce en las células. Su déficit congénito es el que causa los casos de anemia megaloblástica en neonatos. Cuando la absorción intestinal es baja, la TC2 no se llena, por lo que la B12 no llega a los tejidos y, aunque la determinación sérica puede ser normal, la B12 puede no estar siendo transportada (12).

Entonces, ¿cómo podemos conocer nuestro estatus de B12? ¿Qué hacemos ante una analítica de un paciente vegano que no se suplementa y sin embargo le sale la B12 en rango? ¿Qué hacemos con los ovolac-tovegetarianos sabiendo a día de hoy que la prevalencia de déficit de B12 entre ellos es también alta? (13)

Porque lo hemos visto antes: durante años se ha creído que los ovolactovegetarianos no necesitaban suplementación, pero hoy sabemos que eso no es cierto y que entre ellos es también habitual el déficit de B12, bien porque el consumo de lácteos y huevos no es suficiente para mantener un estatus óptimo, bien porque la absorción no es adecuada o bien por ambos factores a la vez. Así que a día de hoy, repetid conmigo, el consejo más prudente es suplementar a toda la población vegetariana sin excepción.

Vamos a ponernos complicados e intentar entender el metabolismo de la B12. En primer lugar, es necesario explicar que la B12 participa en dos reacciones enzimáticas: la conversión del ácido metilmalónico en succinil-coenzima-A que se va al ciclo de Krebs (sistema de respiración celular de nuestro cuerpo) y la conversión de homocisteína en metionina. No hace falta que entendáis estas dos reacciones: solo que sepáis que la B12 es necesaria para convertir unas cosas en otras dentro de rutas metabólicas imprescindibles y que, si por falta de B12, esas rutas no pueden llevarse a cabo en nuestro organismo, tendremos un problema.

Así pues, un déficit de B12 hará que el ácico metilma-lónico se encuentre por encima de niveles normales, ya que no está siendo convertido en succinil-Co-A. Y lo mismo sucederá con la homocisteína, que si no se está convirtiendo adecuadamente en metionina se acumulará y aparecerá elevada.

Parece que ya tenemos el problema resuelto, ¿verdad? Hacemos una determinación de cualquiera de estos dos parámetros, junto a la B12 sérica y la historia clínica y dietética del paciente, y ya estamos en condiciones de realizar un diagnóstico mucho más acertado. Y sí, es verdad.

Pero ocurre que, en primer lugar, es raro que un médico haga una historia dietética completa de un paciente. Es muy probable que no tenga ni idea de si se suplementa o no, en qué dosis, desde hace cuánto, si toma análogos regularmente, etc. De hecho incluso cabe la posibilidad de que no sepa que el paciente es vegetariano o vegano, ya que no pocos lo ocultan por miedo a juicios de valor sobre su decisión.

Y en segundo lugar, es muy difícil conseguir una determinación de ácido metilmalónico en la sanidad pública española, especialmente si eres una persona aparentemente sana y sin alteraciones analíticas que lo justifiquen. Suele ser una prueba que no pide el médico de cabecera, sino el especialista.

Bueno, pero nos queda la homocisteína, ¿no? Sí, aunque no es un parámetro tan fiable como el ácido metilmalónico porque la elevación de la homocisteína puede tener más causas que un déficit de B12.

Por ejemplo puede ser causada por un déficit de B6, de B9, por alteraciones genéticas, por consumo de algunos medicamentos, por problemas metabólicos, por hipotiroidismo... Ah. Y el ácido metilmálonico puede estar elevado también a causa de una insuficiencia renal, pero evidentemente eso ningún médico lo pasaría por alto.

A pesar de todo, la determinación de homocisteína es un parámetro más fácil de obtener y es más probable que el médico de cabecera nos lo incluya en una analítica de rutina si se lo pedimos. En ese caso, si nos encontramos con una homocisteína elevada en una persona vegetariana que no se suplementa o que toma análogos habitualmente y de la que no tenemos constancia de otra patología, la primera base que tendríamos que cubrir sería un déficit de B12, aunque sería un diagnóstico por descarte y por probabilidad. Y, como la suplementación con cianocobalamina es segura, en principio darle una tanda de suplementación de remonte para luego seguir con dosis preventiva de mantenimiento, no supondría ningún perjuicio al paciente en caso de que el diagnóstico estuviera mal.

De todo esto, sacaría una conclusión bastante básica: **si eres vegetariano, supleméntate**. Aun así, puedes tener un déficit, igual que cualquier omnívoro: por cualquier problema que cause malabsorción (aunque de esto pudiera protegerte la megadosis semanal), por consumir habitualmente determinados medicamentos (un ejemplo clásico: el Omeprazol), por ser mayor de 50 años o por cualquiera de las otras razones por las que la población general la tiene. Pasa que en ese caso se te diagnosticará igual de bien que a población general.

Para lo que no está preparada la inmensa mayoría de la profesión sanitaria es para diagnosticar un déficit en una persona sana con aporte dietético nulo o muy bajo y de la que además cabe la posibilidad de que tome análogos.

La dieta vegetariana no es lo suficientemente común, ni se la tiene en cuenta en este país en protocolos dietéticos ni de casi ningún tipo, por lo que estamos fuera del cuadro. No salimos en la foto.

Ya bueno, pero ¿cuánto duran las reservas?

Es probable que hayas oído hablar de las reservas de B12 en el hígado, que duran varios años y que, por tanto, no hace falta que te preocupes del suplemento durante tus primeros años de vegetariano, ¿me equivoco?

Es cierto que sabemos que existe una reserva de B12 hepática. Además, el organismo reaprovecha parte de la B12 por vía enterohepática como sucede también con otros compuestos como el colesterol. Esto significa que se rescata una parte de la B12 del intestino que a través de la vena porta, que es la vena que une el intestino y el hígado y que lleva los nutrientes al hígado para que los metabolice.

Por tanto la B12 que entra en la porta vuelve al hígado para ser utilizada en lugar de que la expulsemos en las heces. Estos dos factores (reserva existente y recuperación enterohepática) hacen que el déficit de B12 pueda tardar años en manifestarse (hasta 4 años, coinciden la mayoría de fuentes). Pero ojo, esto NO significa que las reservas de cualquiera duren 4 años, sino que a algunas personas pueden durarles unos 4 años. A ti puede durarte uno. O seis meses: eso es imposible de saber, ya que no conocemos por regla general el estado previo de esas reservas ni la recuperación enterohepática es igual de eficiente en todas las personas. Y además, todo esto depende de otros muchos factores.

Por ejemplo, una dieta rica en fibra disminuye la recuperación enterohepática porque la fibra captura compuestos en el intestino. Ese es uno de los mecanismos a través del cual la dieta rica en fibra baja el colesterol, pero también en este caso bajaría la reserva de B12 y resulta que la dieta vegetariana es rica en fibra si está bien planteada.

Por ello, la recomendación es suplementar la B12 desde el momento en que se inicia una alimentación vegetariana, a fin de no llegar a agotar la reserva y prevenir un déficit. Es importante tener en cuenta que una vez se agota la reserva, la caída es en picado, y los síntomas pueden ser directamente neurológicos y poco agradables y ya hemos comentado las dificultades para diagnosticar el déficit en vegetarianos, por lo que ir haciéndose analíticas periódicas de control puede no ser la mejor idea si únicamente medimos la B12 sérica.

Hablemos de los suplementos:

En el mercado podemos encontrar suplementos de varias formas químicas de B12:

- <u>Metilcobalamina:</u> es la forma en la que la B12 está en la sangre y también en algunos alimentos.
- <u>5-desoxiadenosilcobalamina</u> (también se le puede llamar dibencozida o adenosilcobalamina): es la forma en la que la B12 se almacena en el hígado.
- <u>Cianocobalamina:</u> es una de las formas comunes en suplementos y alimentos fortificados.
- <u>Hidroxicobalamina:</u> es la forma más común en los alimentos.

Aunque la metilcobalamina y la dibeconzida ofrecen ventajas de absorción, la suplementación se recomienda hacerla con cianocobalamina por varios motivos:

- Es la forma más estable y que mejor resiste la temperatura, la luz y las variaciones de PH (14).
- Es la presentación más económica y la más fácil de encontrar y estamos hablando de suplementación a largo plazo, por lo que son factores a tener en cuenta.
- Es la forma más estudiada como suplemento, así que podemos afirmar que es segura incluso a dosis absurdamente altas, mientras que otras formas de B12 no han sido suficientemente estudiadas como para recomendar su uso como suplemento a largo plazo. Tanto el Intitute Of Medicine de EE.UU. como el Expert Group on Vitamins and Minerals de UK inciden en su seguridad. De hecho, ni siquiera le marcan una dosis máxima. Así mismo, expertos en nutrición vegetariana como Norris, Mangels y Messina recomiendan que la suplementación de B12 se haga con cianocobalamina, porque además no hay investigación suficiente como para fijar dosis de suplementación a largo plazo en las otras formas de B12.

Virginia Messina apunta además en su web que la suplementación con metilcobalamina debería ser a dosis más altas que la de cianocobalamina, por lo que si alguien usa las dosis recomendadas para cianocobalamina en metilcobalamina podría no conseguir una suplementación adecuada (15).

Ahora bien, en casos de déficit instaurado, patologías o situaciones especiales sí que puede ser recomendable usar metilcobalamina o dibeconzida de manera puntual o largo plazo en pacientes concretos. Pero eso debe ser valorado de manera individual por un profesional. En principio en vegetarianos sanos la recomendación es usar cianocobalamina.

Así mismo hay que señalar que los fumadores excretan más cianocobalamina porque sus niveles de cianuro son altos, por lo que fumadores vegetarianos cuya única fuente de B12 fuese la cianocobalamina podrían presentar más riesgo de déficit por una elevada excreción de la misma. Esto es una hipótesis, porque no hay estudios en veganos fumadores. Norris sugiere que sería prudente suplementar en este caso con metilcobalamina (500-1.000 microgramos al día), pero seguir dando dosis de cianocobalamina para mayor seguridad. Yo añado que sería mucho mejor, más barato y más seguro que dejaran de fumar.

Dosis de suplementación recomendadas
para adultos sanos (cianocobalamina)

Tenemos tres opciones, teniendo en cuenta que no se dirigen a personas con déficit instaurado sino que son opciones de mantenimiento (16):

- Tomar a diario alimentos enriquecidos en B12 (bebidas vegetales enriquecidas, yogures de soja enriquecidos, cereales enriquecidos…) asegurándonos de llegar a los 2,4 microgramos diarios (pero a 4 microgramos según la EFSA) en dos tomas.

- Tomar un suplemento diario de 25-100 microgramos. Si es en pastilla hay que masticarlo, ya que la saliva aporta haptocorrina, que favorece la absorción.

- Tomar un suplemento semanal de 2.000 microgramos o uno de 1.000 microgramos dos o tres veces por semana. En este caso se puede tragar sin masticar, ya que se considera dosis farmacológica y difunde directamente la barrera entérica como hemos comentado.

El porcentaje de absorción de B12 depende del tamaño de la dosis. Por ello no siguen una correlación matemática. A mayor dosis, menor porcentaje de absorción.

Antes os dije que a mí la opción de recurrir a alimentos enriquecidos no me parecía buena idea. Os voy a explicar por qué: existen ya en España numerosos productos enriquecidos con B12. Los más habituales son algunas bebidas vegetales y algunos cereales de desayuno. Por nombrar algunos productos conocidos y disponibles a nivel nacional, las bebidas vegetales de Alpro (soja y almendra) aportan en un vaso (250 mililitros) 0,38 mg de B12, por lo que sería necesario consumir una elevada cantidad diaria del producto para cubrir requerimientos, cosa que resulta poco aconsejable en el marco de una dieta saludable.

Por otro lado los cereales de desayuno Corn Flakes de Kellogs aportan 0,63 mcg de B12 por cada ración de 30 g. Lo que nos deja en una situación similar a la anterior. Y he escogido los Corn Flakes para el ejemplo porque son los que menos azúcar tienen...

Además de estos dos ejemplos de productos muy conocidos, existen multitud de opciones de productos enriquecidos de distintas marcas, pero es necesario consultar el etiquetado nutricional de manera minuciosa si se desea cubrir los requerimientos de B12 a base de estos alimentos y también hay tener en cuenta que puede no ser la opción más adecuada, ya que además estamos hablando de productos industriales: es decir, de productos altamente procesados y ricos en azúcar que ya vimos que mejor evitar en nuestra dieta, así que pesar de ser la manera más similar al aporte natural en alimentos (y, por esa razón, es la opción defendida por algunos nutricionistas) yo lo veo una pésima idea. Tal vez en países como EE.UU. o Alemania donde la oferta de productos enriquecidos es mucho mayor, pueda ser una opción. Pero aun así, teniendo en cuenta que uno de los principales consejos alimentarios es basar nuestra dieta en productos frescos, pretender que se dependa de ultraprocesados para obtener B12, cuando se puede obtener mucho más fácilmente y de manera más segura de un suplemento que no compromete la calidad de nuestra dieta, no tiene demasiado sentido.

Personalmente, en un adulto sano optaría por los 2.000 microgramos semanales, que es la suplementación más cómoda, la que sale mejor de precio y que además tiene la absorción garantizada en casos de hipoclorhidria o ausencia de FI.

En relación a las embarazadas, el consejo sería el mismo, ya que la absorción es mucho más segura que la del suplemento diario, que es el que se venía recomendando hasta hace poco.

¿Y si ya tengo déficit?

Si ya tienes un déficit diagnosticado, sigue los consejos de tu médico o de tu dietista-nutricionista para remontarlo. Si solo sospechas que puedes tenerlo, porque te has dado cuenta de que llevas tiempo sin suplementarte correctamente, puedes tomar un suplemento de 2.000 microgramos de cianocobalamina diario durante dos semanas, y luego seguir con la suplementación de mantenimiento (los 2.000 microgramos semanales). (16)

Más pistas sobre los suplementos:

En España, encontrar el suplemento de 1.000 o de 2.000 microgramos a menudo no es sencillo, porque los que suelen tener en las farmacias son de dosis mucho más bajas. Es habitual que tengamos que recurrir a tiendas especializadas o a herboristerías o similares.

Las tres marcas más fáciles de conseguir en España, que tengan suplemento de cianocobalamina en pastillas o tabletas en formato de al menos 1.000 microgramos son Solgar, Lamberts y Solaray. Es muy probable que en vuestra farmacia os puedan encargar y traer las dos primeras marcas, si es que no las tienen en *stock*, así que no debería ser problema conseguirlas. Lamberts suele ser algo más económica que Solgar, pero no hay mucha diferencia.

El precio aproximado de Lamberts es de 16-17 € en botes de 60 tabletas de 1.000 microgramos, por lo que a dos tabletas semanales, tendríamos para 30 semanas.

Solgar tiene botes de 100 tabletas de cianocobalamina también de 1.000 microgramos a un precio de alrededor de 32-34 €, que nos duraría 50 semanas.

Solaray sería una opción más barata, ya que sí que tiene una presentación en tabletas de 2.000 microgramos, en bote de 90, que nos duraría 90 semanas, por unos 16-18 €. Aunque es una marca menos común, es muy probable que lo puedan encargar.

Lo cierto es que lo más económico es hacer un pedido *online*. Por ejemplo, en la web Iherb.com podemos comprar el bote de 100 tabletas de cianocobalamina de 2.000 microgramos de Source Naturals, que nos duraría 100 semanas (casi dos años) porque solo tendríamos que tomar una a la semana, no dos y su precio está entre los 6-7€. Como veis la diferencia es sustancial.

No es necesario comprar la B12 acompañada de otras vitaminas o del resto del complejo B, tal y como se aconseja algunas veces. La dieta vegetariana no es deficitaria en ninguna otra vitamina del grupo B y además, cuando hablamos de la dosis semanal, sería totalmente irrelevante.

Hay un suplemento ampliamente consumido por la población vegetariana, el VEG-1*, que es además el suplemento que vende la Vegan Society, lo cual suele inspirar confianza. Pues bien: es una mala opción por varias razones: en primer lugar se trata de un suplemento diario, lo que lo hace más incómodo, más caro y menos seguro en su absorción. En segundo lugar lleva más micronutrientes, además de B12, que no son necesarios. Y en tercer lugar, aunque es lo más importante, la cantidad de B12 que lleva (10 microgramos) es insuficiente en un suplemento diario para una sola toma porque el consejo es que sea al menos de 25 microgramos.

Por último, no quiero dejar de nombrar el Optovite, que muchos vegetarianos conocerán porque suele ser el suplemento al que recurre el médico. Se trata de ampollas de 1.000 microgramos de cianocobalamina que se venden en cajas de 5 unidades a un precio de alrededor de 2,30 €. A mi me saben fatal y me parecen incómodas, pero hay quien no les encuentra mal sabor. En realidad son inyectables pensados para pacientes gastrectomizados o con alguna patología que les impida absorber la B12 de los alimentos y no para vegetarianos, aunque sabemos que esos pacientes en realidad podrían beneficiarse igualmente de la dosis farmacológica vía oral en la mayoría de los casos.

La buena noticia es que el Optovite sí está en cualquier farmacia y raro será que lo tengamos que encargar. Además, lo cubre la Seguridad Social, pero es poco probable que el médico nos haga recetas continuamente. Nos lo recetaría en caso de déficit y sería por un tiempo limitado. A la larga, sale bastante más caro que las otras opciones, porque nos obliga a comprar dos cajas cada cinco semanas. No vale la pena, pero sirve para un apaño.

BIBLIOGRAFÍA DEL CAPÍTULO 5

1. Scientific Opinion on Dietary Reference Values for protein. Parma, Italy: EFSA Panel on Dietetic Products, Nutrition and Allergies (NDA); 2012, actualizado en febrero 2015.

2. Dietary Reference Intakes (DRI) for the Spanish Population. FESNAD; 2010.

3. Watanabe F, Yabuta Y, Bitot, Teng F. Vitamin B12-containing plant food sources for vegetarians. Nutrients. 2014;6(5):1861-73.

4. Merchant RE, Phillips TW, Udani J. Nutritional Supplementation with Chlorella pyrenoidosa Lowers Serum Methylmalonic Acid in Vegans and Vegetarians with a Suspected Vitamin B Deficiency. J Med Food. 2015.

5. Forrellat M, Gómis I, Gautier H. Vitamina B12: Metabolismo y aspectos clínicos de su deficiencia. 1999.

6. Vidal-AIaball J, Butler CC, Cannings-John R, Goringe A, Hood K, McCaddon A, et al. Oral vitamin B12 versus intramuscular vitamin B12 for vitamin B12 deficiency. Cochrane Database Syst Rev. 2005(3):Cd004655.

7. Kim HI, Hyung WJ, Song KJ, Choi SH, Kim CB, Noh SH. Oral vitamin B12 replacement: an effective treatment for vitamin B12 deficiency after total gastrectomy in gastric cancer patients. Ann Surg Oncol. 2011;18(13):3711-7.

8. Paz Rd, Hernández-Navarro F. Manejo, prevención y control de la anemia megaloblástica secundaria a déficit de ácido fólico. Nutrición Hospitalaria. 2006;21(1):113-9.

9. McMahon JA, Green TJ, Skeaff CM, Knight RG, Mann JI, Williams SM. A controlled trial of homocysteine lowering and cognitive performance. N Engl J Med. 2006;354(26):2764-72.

10. Dharmarajan TS, Norkus EP. Approaches to vitamin B12 deficiency. Early treatment may prevent devastating complications. Postgrad Med. 2001;110(1):99-105; quiz 6.

11. Watanabe F, Tanaka S, Kittaka-Katsura H, Ebara S, Miyamoto E. Characterization and bioavailability of vitamin B12-compounds from edible algae. J Nutr Sci Vitaminol (Tokyo). 2002;48(5):325-31.

12. Herbert V. The 1986 Herman award lecture. Nutrition science as a continually unfolding story: the folate and vitamin B-12 paradigm. Am J Clin Nutr. 1987;46(3):387-402.

13. Pawlak R, Parrott SJ, Raj S, Cullum-Dugan D, Lucas D. How prevalent is vitamin B(12) deficiency among vegetarians? Nutr Rev. 2013;71(2):110-7.

14. Safe Upper Levels for Vitamins and Minerals. Expert Group on Vitamins and Minerals. UK Gov; 2003. p. 93-100.

15. Recommended Supplements for Vegans | The Vegan RD 2015 [Available from: http://www.theveganrd.com/2010/11/recommended-supplements-for-vegans.html.

16. Recommendations for Vegans and Near-Vegans 2015 [Available from: http://www.veganhealth.org/b12/rec.

Capítulo 6

SER VEGETARIANO ES FÁCIL, SI SABES CÓMO

Camins que ara s'esvaeixen
camins que hem de fer sols
camins vora les estrelles
camins que ara no hi són.

Camins, Sopa de Cabra

La vida real no es calcular cantidades de omega 3 o gramos de proteína. La vida real es ir a hacer la compra, elegir entre la inmensa cantidad de productos que nos inunda, preparar la cena, y la comida, y el desayuno. Comer en restaurantes. Salir de viaje. Todas esas cosas que parecen más complicadas si eres vegetariano.

En realidad, con un poco de organización, práctica y algo de previsión, se puede sobrevivir sin muchos problemas. ¿No os lo creéis? Pues en este capítulo vamos a verlo.

Empecemos por el principio: la compra. De lo que nos llevemos a casa va a depender en gran medida nuestra alimentación. Una compra saludable se traduce en unos menús saludables. Una compra bien pensada y organizada nos facilitará la vida a la hora de cocinar y comer bien.

Hacer la compra: más mercado y menos supermercado

Con todo lo que hemos aprendido antes de llegar aquí, sabremos que hacer la compra no es fácil. Los supermercados son una carrera de obstáculos, y, por cada producto que exponen que es una elección saludable, hay otros 20 que son una pésima idea.

Uno de los primeros consejos que les doy a todos mis pacientes es que intenten hacer la mayor parte de la compra en un mercado y no en un supermercado. Es cierto que no todo el mundo puede hacerlo porque los mercados suelen tener horarios más restringidos que las grandes superficies y para mucha gente son incompatibles con su horario laboral. Además, por desgracia, tampoco tenemos tantos mercados: habrá quien no tenga ninguno a mano o quien encuentre que en su pueblo no hay mercado fijo sino que se monta solo un día a la semana. En cambio, cualquier pueblo tiene un supermercado abierto a diario y cualquier barrio de ciudad tiene incluso más de uno.

En su favor hay que decir que los mercados suelen abrir más tempsprano que los supermercados, por lo que quizás haya quien pueda aprovechar esa primera hora, con el género recién expuesto y en general poco trajín. También suelen abrir los sábados, al menos por la mañana y acudir al mercado a hacer la compra puede ser una actividad atractiva para un día sin trabajo, especialmente con niños, si es que tenemos la suerte de no trabajar en fin de semana.

Y otra cosa más: hay puestos que ofrecen el servicio a domicilio o también que nos preparan el pedido que hagamos por teléfono para que solo sea pasar y recogerlo.

Yo os animo a investigar horarios y servicios del mercado que tengáis más cercano. Quizá os sorprenda.

Pero ¿por qué creo que es mejor comprar en él? Os cuento:

- Porque en el mercado, al contrario de lo que ocurre en el súper, la inmensa mayoría de las opciones son elecciones saludables. Los productos envasados o muy procesados brillan por su ausencia o son anecdóticos. Si compramos en un entorno en el que la oferta es buena, es más probable que elijamos bien.
- Porque tienen producto fresco y de temporada. Los puestos del mercado cambian con las estaciones: pasamos de melones y sandías en verano a granadas, boniatos, castañas y setas en otoño; naranjas, manzanas y coles en invierno; fresas en primavera… No se repite el mismo lineal de siempre con los mismos productos como sucede en el súper. Para comer de temporada el mercado es la mejor opción.
- Porque es mucho más probable que encontremos producto local, incluso que nos lo venda el propio agricultor. Encontraremos variedades autóctonas, producciones pequeñas y productos que no están

en el súper. Y además los compraremos sin que haya una gran empresa de alimentación como intermediaria, a menudo más barato y con un mayor beneficio para los agricultores.

- Porque producen menos residuos. En el mercado no vamos a encontrar los productos en bolsas y cajas, o en bandejas de poliestireno cubiertas con plástico. Se venden a granel. Incluso sin llevar nuestra propia bolsa, la cantidad de envases que nos vamos a llevar a casa será mínima o ninguna. En el supermercado, cada producto lleva un envase o varios.

- Porque nos darán atención personalizada. El personal de los puestos te atiende, te sonríe, responde a tus dudas, te aconseja el mejor producto e incluso te cuenta una receta para que pruebes esa verdura nueva. Y te conocen y te regalan unas uvas o una mandarina o un melocotón para que lo pruebes o este manojo de albahaca porque sabe lo que te gusta. Es mucho más agradable que llenar un carro y pasar por la línea de caja.

¿Qué productos encontramos en el mercado?

- Frutas, verduras y hortalizas.
- Frutos secos y semillas a granel.
- Legumbres secas a granel y a menudo también cocidas.
- Huevos, si los consumimos, que es más probable encontrarlos ecológicos (del número 0) y de alguna granja local.
- Cereales a granel y harinas.

- Especias, hierbas y condimentos a granel. También infusiones y tés.
- Pan, normalmente de algún negocio local con obrador propio. Pedidlo integral.
- Quesos de calidad y lácteos frescos (si los consumimos).

Como veis esos productos conforman el grueso de la compra diaria y el 90 % de una alimentación vegetariana o vegana saludable.

¿Para qué productos seguiríamos recurriendo al supermercado (si es que no los comprábamos ya antes en otro lugar)? Pues sobre todo productos no alimentarios y el fondo de despensa; es decir, aquellas cosas que no son producto fresco:

- Productos de limpieza.
- Productos de aseo personal.
- Conservas de legumbre.
- Conservas de verdura (tomate triturado, espárragos, pimientos del piquillo...).
- Congelados (guisantes, habitas, alcachofas...).
- Leche pasteurizada de brik y yogures naturales (si consumimos lácteos).
- Bebidas vegetales y yogures de soja sin azucarar.
- Pasta integral, si la hay.
- Sal yodada.
- Aceite de oliva virgen extra, si es que no tenemos una opción mejor para comprarlo, como alguna cooperativa local.
- Tofu, soja texturizada, tempeh (aunque no los

tienen en todos los supermercados y a veces hay que recurrir a tiendas especializadas).

Y ya tenemos la compra hecha. Es hora de llegar a casa y pensar qué vamos a hacer con todo lo que hemos comprado.

Preparar un menú semanal, comidas y cenas

Planear el menú semanal puede significar la diferencia entre comer bien o comer a salto de mata e improvisando. Si somos personas ocupadas, el invertir un ratito a la semana en planear el menú nos puede ahorrar mucho tiempo *a posteriori*, nos facilitará hacer la lista de la compra y nos ayudará a estar más organizados.

Antes de empezar a plantear el menú voy a hacer un inciso para comentar algo respecto a las cantidades: una persona sana en un peso saludable debería comer en función de su apetito, que puede variar a lo largo de los días. Por tanto, las cantidades indicadas son solo una aproximación y en modo alguno deben tomarse como una recomendación en firme. Fijarse en la calidad de los ingredientes del menú y mantener un poco la proporción es lo importante, mucho más allá de cantidades concretas.

Si alguien necesita indicaciones precisas sobre cantidades por cualquier motivo (es un deportista de alto nivel, quiere perder peso, tiene un problema de salud…) lo adecuado es que visite a un dietista-nutricionista que pueda darle consejo personalizado y adaptado a sus gustos, su día a día y sus necesidades.

¿Qué es lo básico que debemos tener en
cuenta a la hora de preparar el menú?

- Que la verdura y hortaliza deben estar presentes a diario, en comida y en cena, en cantidad abundante. La pregunta es ¿qué entendemos por «cantidad abundante»? Pues que sea lo que más haya, en volumen, en el plato. Es decir, una rodaja de tomate no es una ración de verdura. Un puñado de lechuga, tampoco ¿y una hoja de perejil? Tampoco.

La cantidad de verdura debería ser al menos de un plato entero, si comemos dos platos, o la mitad de un plato único. Recordad lo que nos decía la OMS: que, mínimo, 400 g ¡mínimo! Pero lo vamos a ver mucho mejor con algunos ejemplos:

Esto SÍ es una ración de verduras:

- Un bol grande de crema de verduras o de gazpacho.
- Un plato grande de ensalada, que incluya variedad de hortalizas de temporada.
- Un plato grande de verduras asadas o a la parrilla.
- Un plato de crudités (palitos de apio, pepino, pimiento, etc) con guacamole o babaganush (paté de berenjenas) para mojar.
- Un plato de hervido de verduras.
- Un plato de espinacas a la crema o salteadas.
- Un tomate grande aliñado. Pero grande, ¿eh?
- Un buen manojo de espárragos, aunque sean en conserva.
- Un wok de juliana de verduras variadas.

- Un plato de pisto.

Son solo algunas ideas generales, por supuesto. El concepto es que sea una buena ración, la parte más importante de la comida. No un adorno o una guarnición.

Cuando la ración de verduras va mezclada, por ejemplo, con arroz, pasta o patatas en un potaje o guiso o en una ensalada, lo que más se tiene que ver son las verduras. ¿Os suenan esas ensaladas de pasta en las que un plato o bol grande de pajaritas o espirales se ve algún trozo de tomate o un hilito de zanahoria rallada o un par de cuadraditos de pimiento? Pues bien, eso no cuenta ni como ración de verduras ni como ensalada.

Deberíamos ver un gran plato colorido con, por ejemplo, rúcula, tomate, cebolla morada, aguacate, pimiento rojo y verde, zanahoria, pepino… y algo de pasta intercalada, mejor integral.

Seguimos:

- Que haya una ración de algún alimento proteico de calidad. Ya sabemos cuáles son esos alimentos: el principal aporte proteico de una dieta vegetariana viene de las legumbres, y de los derivados de las mismas, especialmente de los derivados de soja como el tofu, el tempeh, el natto o la soja texturizada.

También el seitán es una fuente proteica, aunque de baja calidad. Lo que no significa que no podamos consumirlo de vez en cuando, pero no debe sustituir por norma a las legumbres y derivados.

También los cereales integrales, los frutos secos y las semillas aportan proteínas, aunque en menor cantidad en el caso de los cereales. En el caso de frutos secos y semillas, como la ración de consumo suele ser más pequeña, actúan como complemento al aporte más importante de las legumbres.

Y por supuesto, los lácteos y los huevos son una buena fuente proteica para aquellos que los consuman.

¿Qué parte de nuestro menú deberían ocupar estos alimentos? Pues una buena aproximación de una ración, podría ser algo así:

Tofu, tempeh o seitán	Porción del tamaño de la palma de la mano (cada uno de la suya)
Huevo	1-2 huevos
Soja texturizada	1/2 vaso aproximadamente, hidratada

Legumbre	• Un plato lleno o medio plato si van acompañadas de cereal o patata • 2 hamburguesas (caseras) del tamaño de la palma de la mano
Quinoa	Medio plato
Lácteos y productos de soja	• Dos yogures naturales o de soja sin azucarar • Unos 80 g de queso fresco o 35 g de queso semicurado • Un vaso de leche o de bebida de soja

No significa que todas las raciones anteriores tengan un aporte proteico equivalente, pero sí que son una buena aproximación de porción razonable. Teniendo en cuenta que la elección variará de una ingesta a otra, es fácil que el cómputo final sea adecuado tomando mínimas precauciones como es el añadir una porción de alimento proteico a las comidas principales.

Evidentemente, las personas con requerimientos especiales como los deportistas, las embarazadas y lactantes o aquellos que sufran de alguna patología o tengan un problema de peso, deberán buscar un consejo mucho más personalizado con la ayuda de un dietista-nutricionista, como hemos comentado al principio de este capítulo.

- Además, podemos añadir al menú alguna porción de alimentos ricos en hidratos de carbono como los cereales y sus derivados (arroz, pan, pasta, mijo, avena, maíz, polenta...) o tubérculos (patata, boniato, yuca). En el caso de los cereales y derivados lo importante es que sean integrales.

Para un adulto normal, no deberían ser más de un cuarto del volumen total de la ingesta (un cuarto de un plato único o un tercio de un plato en un menú de dos platos).

Tengamos en cuenta que algunas de las opciones proteicas en una dieta vegetariana, como las legumbres o la quinoa, también son ricas en hidratos de carbono, por lo que no es necesario añadir más, si no nos apetece.

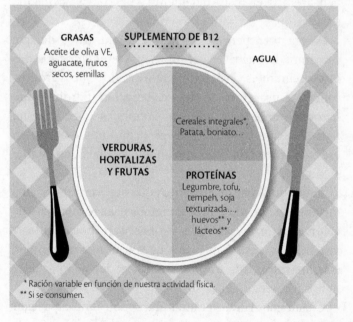

GRASAS
Aceite de oliva VE, aguacate, frutos secos, semillas

SUPLEMENTO DE B12

AGUA

Cereales integrales*, Patata, boniato...

VERDURAS, HORTALIZAS Y FRUTAS

PROTEÍNAS
Legumbre, tofu, tempeh, soja texturizada..., huevos** y lácteos**

* Ración variable en función de nuestra actividad física.
** Si se consumen.

- Y un aporte de grasa saludable para cocinar, aliñar o condimentar. En España lo lógico es que la grasa de referencia sea el aceite de oliva virgen extra, pero en las zonas del mundo en que el acceso a ese aceite es difícil o caro, puede ser buena opción el aceite de colza, la grasa de coco virgen o el aceite de girasol alto oleico.

Otros alimentos que aportan grasa saludable al menú son el aguacate, los frutos secos y las semillas.

Veamos un ejemplo de menú semanal:

En primer lugar, vamos a pensar qué alimento proteico vamos a comer en cada ingesta y sobre él pensaremos el resto del menú: [Ver tabla en página siguiente]

Ahora toca pensar el plato y asegurarnos de que cubrimos la parte de verduras, y ya tenemos los dos imprescindibles. No hace falta decidir qué verduras concretas usaremos en cada elaboración, porque como hemos hecho muy bien la compra, seguro que no faltan en casa y podemos elegir según nos apetezca en ese momento o lo que tengamos: [Ver tabla en página siguiente]

Todos los menús tienen que tener verdura y una ración proteica, al menos. Podemos usar rotuladores de colores las primeras veces para asegurarnos de ello, y ver si los menús habituales de nuestra casa cumplen con los requisitos mínimos, para poder adaptarlos y mejorarlos según el caso.

Cuando nos falten verduras una opción simple es añadir una ensalada o una crema de primero, y reducir un poco la ración del segundo. O bien aumentar la cantidad que incluimos, por ejemplo en un plato de pasta o arroz, reduciendo estos últimos en favor de los vegetales.

	LUNES	MARTES	MIÉRCOLES	JUEVES	VIERNES	SÁBADO
Comida	Alubias blancas	Lentejas	Tofu	Huevo (OVL) o legumbres	Frijoles negros	Seitán Guiso de boniato con seitán y verduras
Cena	Quinoa o guisantes (la quinoa en España no es muy sostenible)	Bebida de soja	Garbanzos (falafel)	Yogur (de soja o de vaca) y frutos secos	Tempeh	Huevo (OVL) o tofu Minestrone Revuelto de espárragos (con tofu silken o con huevo) con tostada integral de centeno
Comida	Ensalada de alubias blancas con lechuga, pimientos, alcaparras y cebolla morada	Pasta integral con champiñones y boloñesa (tomate, cebolla...) de lentejas	Calabacines rellenos de tofu y verduras Pan integral	Judías verdes con patata hervida y un huevo cocido (OVL) o judías verdes con hamburguesa de legumbre (vegano)	Cous-cous integral con frijoles negros y hortalizas variadas	
Cena	Crema de calabaza Quinoa o guisantes con verduras	Brócoli gratinado con bechamel de bebida de soja y levadura de cerveza o queso para gratinar	Espinacas a la catalana (con pasas y piñones) Fajitas con falafel	Ensalada waldorf con salsa de yogur (de soja o de vaca) y nueces	Guacamole Albóndigas caseras de tempeh con pisto	

DOMINGO

Comida

Soja texturizada
Moussaka de soja texturizada (pastel de berenjenas)

Cena

Garbanzos (hummus)
Crema de puerros
Hummus con palitos de verdura (apio, pepino, pimiento, endiva...)

La ración de verduras. Los alimentos que aportan proteínas y carbohidratos. Los alimentos que aportan, sobre todo, carbohidratos. Los alimentos que aportan, sobre todo, proteínas. Los alimentos que aportan proteínas y grasas saludables.

Cuando nos falten proteínas, un recurso fácil es tomar de postre un yogur sin azucarar (de soja o de vaca) con un puñado de frutos secos, o añadir legumbre o tofu a nuestra preparación.

Comer de tupper

Muchísima gente hoy se lleva el *tupper* al trabajo o a la universidad. Y puede ser un verdadero quebradero de cabeza prepararlo y asegurarnos de que sea apetecible y saludable. Igual que hemos hecho con el menú semanal, el *tupper* se puede planear. Un buen *tupper* no debería diferenciarse mucho de lo que hemos señalado importante para hacer un menú, ya que constituye una de las comidas principales. Por tanto, debería llevar:

Verduras: parte fundamental del menú como sabemos y que en el *tupper* tendemos a descuidar o a no poner en cantidad adecuada porque no cabe, porque no hay nada preparado, porque la ensalada se me queda pocha... Pero no valen las excusas: de esto es de lo que más tiene que haber. Como decimos siempre «no es pasta con verduras, son verduras con pasta». En este punto tenemos más opciones que la ensalada: hay preparaciones de verduras que podemos tener hechas y congeladas en raciones: pisto, espinacas con bechamel (se puede hacer con bebida vegetal), berenjenas rellenas, escalivada, todo tipo de cremas, boloñesa vegetal, bases de verduras salteadas, champiñones con ajo y perejil, salsa de tomate...

En el caso de las ensaladas, es mucho mejor llevarlas sin aliñar y hacerlo en el momento para que conserven la frescura. Podemos tener en el trabajo una botellita de aceite y vinagre por ejemplo, o llevarnos el aliño aparte.

Además, en un tiempo récord, nos podemos meter en el *tupper* unas flores de brócoli o de coliflor crudas, porque si tenemos microondas en el trabajo, en pocos minutos las hacemos ahí mismo.

Cereales integrales y tubérculos: puedes cocer una cantidad grande una sola vez y tenerlos en la nevera para completar tu *tupper*. El arroz integral, el mijo, la pasta integral, la quinoa, el trigo sarraceno... aguantan bien en la nevera cocidos unos días. Que solo sea coger un puñado y añadirlo.

En la versión de emergencia, una patata o un boniato troceados crudos, igual que antes con el brócoli, se puede hacer en unos minutos en el microondas que tengamos para calentar la comida.

Y por supuesto, una rebanada de pan integral siempre es una opción, si no hay nada más a mano.

Esta parte no es imprescindible: podemos llevarnos un *tupper* saludable y adecuado sin meterle nada de esta sección. Las otras dos secciones (verduras y parte proteica), en cambio, no son negociables.

Parte proteica: que no os falte. No caigáis en llevar siempre pasta o arroz con verduras o ensalada porque es el recurso fácil.

Que haya siempre una ración proteica de calidad en vuestra comida, repito.

Los guisos y potajes de legumbres se hacen muy rápido en la olla exprés, y los podéis congelar por raciones. Son un plato completo y no necesitáis nada más. Más práctico imposible.

El *hummus* también se puede congelar, a lo sumo

puede quedar un poco separado al descongelarse, pero es removerlo un poco y listo. Es un gran recurso cuando lo que lleváis os lo tengáis que comer frío.

También se pueden tener congeladas hamburguesas de legumbre o albóndigas hechas en casa. No recurráis a las hamburguesas o salchichas vegetales industriales. Salvo excepciones, son productos de bajo valor proteico (mucha fécula y almidones), ricos en grasas de dudosa calidad y sal. Son de consumo esporádico como cualquier ultraprocesado.

Las legumbres cocidas de bote son una buena opción: bien enjuagadas y ya tenéis salvación en un minuto.

Además, el tofu en todas sus versiones (duro, silken, ahumado...) es un gran aliado y muy cómodo. Lo mismo el seitán, que, aunque no es una proteína de mucha calidad, se puede incluir de vez en cuando.

La soja texturizada preparada ya en una salsa, una lasaña o una moussaka que tengamos congelada por raciones también son muy buenas alternativas.

Y si coméis huevos y lácteos, pues también. Aunque os diría que si sois ovolactovegetarianos, no caigáis en eso tan común de ponerle queso a todo porque es el recurso fácil. Para los ovolactovegetarianos también las legumbres deberían ser la principal fuente proteica, junto a los huevos.

Además, como complemento podéis añadir unos frutos secos o unas semillas.

Postre: fruta o fruta desecada. Si os lleváis yogures vegetales, que sean sin azúcar, Pero pocas veces, porque la fruta debería ser la primera opción. Y chocolate negro de más del 80 % cacao, también está bien como capricho, en porciones pequeñas (10-20 g).

Bebida: seré breve: agua.

Para planear el *tupper*, vamos a seguir la misma estrategia que con el menú semanal, primero tendremos una planilla básica semanal con la opción proteica, de este tipo:

LUNES	MARTES	MIÉRCOLES	JUEVES	VIERNES
Lentejas	Tofu o tempeh	Hummus, seitán, hamburguesa casera	Garbanzos o azukis	Soja texturizada

Y ahora sobre esta base planeamos el menú para un mes:

Semana 1:

LUNES	MARTES	MIÉRCOLES	JUEVES	VIERNES
Pimientos asados rellenos de lentejas	Wok de brócoli y tofu con tallarines integrales	Hummus con palitos de verdura y rebanada de pan integral	Guiso de azukis con zanahoria especiada	Calabacines rellenos de soja texturizada y mijo

Semana 2:

LUNES	MARTES	MIÉRCOLES	JUEVES	VIERNES
Lentejas con patata	Tofu ahumado con pisto y arroz integral	Falafels con pan de pita y coleslaw, con salsa de yogur vegetal	Garbanzos con puerro y calabacín	Lasaña de boloñesa de soja texturizada

Semana 3:

LUNES	MARTES	MIÉRCOLES	JUEVES	VIERNES
Ensalada de lentejas al curry con apio rama, manzana y nueces	Hervido de judías verdes y boniato con tofu silken	Estofado de seitán con patata y guisantes	Estofado de seitán con patata y guisantes	Pastel de azukis y setas

Semana 4:

LUNES	MARTES	MIÉRCOLES	JUEVES	VIERNES
Crema de lenteja roja y calabaza con semillas de sésamo	Salteado de tofu con setas, cebolla, zanahoria y macarrones integrales	Hamburguesas de legumbre y avena con tomate y aguacate	Garbanzos con espinacas	Patatas guisadas con soja texturizada grande y verduras

Desayunos y meriendas

El desayuno no es la comida más importante del día y ni siquiera es imprescindible. Si eres de los que se levanta sin hambre o de los que a primera hora solo le entra un café, no pasa nada. No tienes por qué cambiar tus hábitos para llevar una alimentación saludable.

Una buena alimentación no tiene normas horarias ni ingestas imprescindibles. Si comemos de acuerdo a nuestras necesidades eligiendo alimentos sanos, importa poco el momento en el que lo hagamos. Puede haber excepciones, como los deportistas que sí que deben adecuar sus ingestas a sus horas de entrenamiento y no digamos a las competiciones, pero en ese caso lo lógico es que tengan un asesoramiento profesional e individualizado. Para el humano de a pie, no hay problema en no desayunar: si luego nos entra hambre a media mañana, ya comeremos más.

Para aquellos que sí desayunan, vamos a ver cómo elegimos bien lo que nos comemos a primera hora de la mañana. Y es que el desayuno es un momento bastante propicio para comer regularmente alimentos insanos que además nos venden como especiales para esta ingesta: todo tipo de cereales azucarados, galletas, magdalenas y otros bollos, panes «especiales», mermeladas, margarinas, bebidas y batidos, cacaos solubles cargados de azúcar, zumos, untables... una lista infinita de productos poco recomendables.

Es muy posible que muchos de vosotros desde pequeños toméis leche en el desayuno y que al volveros vegetarianos la hayáis sustituido por algún tipo de bebida vegetal ya que gastronómicamente hace la misma función y permite seguir disfrutando del café con leche, o del vaso de líquido blanco calentito. Evidentemente no es imprescindible, pero sí muy habitual, así que vamos a hablar de las bebidas vegetales.

- **Bebidas vegetales:** hoy podemos encontrar dos o tres tipos diferentes de bebidas vegetales en casi cualquier tienda. Las bebidas de soja, avena, arroz y almendra son ya productos comunes e incluso los fabrican marcas de gran distribución que hasta hace poco se dedicaban exclusivamente al sector lácteo. En tiendas especializadas o en grandes superficies la oferta se dispara y además de multitud de marcas distintas podemos encontrar bebidas vegetales de kamut, de espelta, de cáñamo, de quinoa, de avellana, de arroz y coco... ¿cómo elegir entre tanta oferta? Vamos a ver en qué nos tenemos que fijar:

- Escoge un producto sin azúcares añadidos. Para eso debes mirar en la etiqueta la lista de ingredientes que no lleva azúcar, tampoco integral o de caña, siropes o melazas. Si no la encuentras, procura que lleve el mínimo azúcar añadido posible: no más del 5 % del total.
- Si, además, va enriquecida con calcio puede ser una buena opción, sobre todo si la usamos en sustitución de donde antes tomábamos leche de vaca.
- Puede que lleve también vitamina D y eso es bueno, pero tened en cuenta que la vitamina D3 no suele ser de origen vegetal. Si lleva D2, todo en orden. Si lleva D3 y no indica el origen, puede que no se trate de un producto vegano, ya que su procedencia más común es la lanolina (de la lana de las ovejas) o el aceite de pescado.
- Huir de las versiones con cacao o de vainilla ya que suelen ser ricas en azúcar y son un dulce, no un producto de consumo habitual.

¿Y, entre todos los tipos, cuál es la mejor? Si queremos sustituir nutricionalmente a la leche de vaca, la única que lo hace es la bebida de soja enriquecida en calcio, ya que es la única que tiene un valor proteico similar tanto en cantidad como en calidad. Pero tomarla no es imprescindible porque, como hemos visto, podemos cubrir requerimientos proteicos tranquilamente con otros alimentos, así que, si cumple con los puntos anteriores, elegid según el sabor que os guste más o id alternando. Lo cierto es que, salvo la de soja, el resto de bebidas vegetales no tienen un aporte nutricional especialmente interesante: son sobre todo carbohidratos y, en todo caso, si van enriquecidas, sí que pueden ser un buen aporte de calcio.

Pasemos a otro de los típicos productos de desayuno: los cereales. Me refiero a las cajas de cereales que nos venden específicamente para este momento. Copos, hojuelas, palitos, inflados… ya sabéis ¿verdad? Son productos que parecen adecuados porque suelen tener un excelente *marketing* y además, son casi todos veganos, salvo algunos que llevan algún derivado lácteo y serían solo vegetarianos. En principio, parece que tenemos mucho donde elegir. Pero nada más lejos de la realidad.

- **Cereales de desayuno:** la inmensa mayoría de cereales de desayuno son productos muy procesados, fabricados con cereales refinados y sobre todo muy ricos en azúcar. Lo normal es que ronden el 20 % de azúcares añadidos, incluso más en los productos chocolateados o dirigidos a público infantil. Pero es que, incluso en aquellas referencias que se publicitan como adecuadas para guardar la línea (y se enfocan siempre al público femenino, razón de más para no comprarlos), es habitual que tengan más de un 20 % de azúcar también.

En primer lugar:

¿Cómo sabemos si son verdaderamente integrales?

Esto sirve para cualquier producto derivado de cereales, también el pan: de nuevo hay que ir a la lista de ingredientes y olvidar las leyendas publicitarias del frontal del envase. En los ingredientes debe constar la palabra «integral» o «de grano entero». Por ejemplo «copos de arroz integral» o «copos de trigo de grano entero». Además, si lleva varios cereales, debe constar el porcentaje de cada uno de ellos e indicar en todos que es integral o de grano enteros. Si pone «copos de trigo 40 %» y seguidamente «copos de arroz integral 15 %» por ejemplo, ese producto solo tiene un 15 % de cereal integral y la mayor parte es refinado, aunque en la caja venga escrita con bonitas letras la palabra «integral» bien grande.

En segundo lugar, el azúcar. Puede venir indicado de tantas formas en la lista de ingredientes (azúcar, sacarosa, glucosa, jarabe de...., maltosa, sucrosa, melaza de...., miel) que lo más rápido es mirar la tabla nutricional. En ella nos indicará «Hidratos de carbono» y debajo «de los cuales azúcares». Si en el apartado «de los cuales azúcares» superan los 3-4g por cada 100g, el producto tiene azúcar añadido. Veréis que casi todos superan el 15-20%. Eso, si no habéis podido identificarlo antes en la lista de ingredientes.

Entonces ¿ninguno es saludable? Sí, tenemos una gran opción en los copos de avena. Aunque claro, no son tan sabrosos como los cereales azucarados y refinados, ni suelen ir en cajas tan atractivas.

Los copos de avena son una buena opción de desayuno. Pueden tomarse con leche o bebida vegetal o también con yogur (vegetal o de vaca). Seguro que habéis oído hablar del porridge o gachas de avena. Se prepara cociendo los copos en leche o bebida vegetal caliente hasta que quedan blandos. Según pongamos más o menos líquido nos quedará más o menos espeso, en función de nuestro gusto personal.

Si tenemos poco tiempo por las mañanas, se puede preparar una cantidad grande y guardarla en la nevera. Por la mañana, nos servimos la ración en un bol y la podemos calentar en el microondas o tomarla fría si nos apetece y se convierte en un desayuno rápido.

Otra opción es dejar por la noche la mezcla hecha de copos de avena y leche o bebida vegetal fría. Cuando nos levantemos, los copos se habrán ablandado y estarán listo para tomar, calientes o fríos. De la misma manera, si en vez de con avena lo hacemos con semillas de chía, solo con dejarlas en remojo la noche antes tendremos una especie de pudin para desayunar (más o menos 2 o 3 cucharadas por medio vaso de líquido). Y sí, podemos mezclar avena y chía. Haced pruebas hasta que deis con vuestra consistencia favorita

El porridge y el pudin de chía tienen muchas posibilidades. Vamos a ver algunas ideas:

- Al calentar la leche o bebida vegetal, añadirle piel de limón o naranja y canela y que hierva unos minutos antes de retirarlo. Así tendremos porridge con sabor a leche merengada.
- Añadirle trozos de fruta fresca una vez listo, o permitir que cueza junto a la fruta si la queremos con una consistencia que nos recuerde a la compota.

- Añadirle frutos secos o semillas.
- Añadirle cacao puro en polvo, o coco rallado o cualquier especia (canela, nuez moscada, pimienta de Jamaica, cardamomo…).
- Añadirle pasas u otra fruta seca como ciruelas, orejones, higos… sobre todo si buscamos un toque dulce. También la fruta liofilizada es una opción interesante.
- Rallar chocolate de más del 80 % de cacao.
- Mezclarlo con una cucharada de tahina o de mantequilla de almendras o de otro fruto seco.

Además de los copos de avena, otras opciones sanas pueden ser los cereales inflados siempre que no lleven azúcar. Los más habituales son los de arroz inflado y en tiendas especializadas podemos encontrar también quinoa inflada y alguno más, como la espelta. El único ingrediente debería ser «X inflado», nada más.

Los copos de maíz o de trigo integral que no lleven azúcares añadidos también nos sirven, pero es bastante raro que no lleven azúcar. Comprobadlo siempre.

Y como apunte final: mucho ojo con los mueslis y granolas, que a menudo parecen una opción sana y en realidad pueden ser de los que más azúcares contengan. Lo habitual es que para formar las pelotillas crujientes se use algún tipo de melaza o miel y que lleven frutas desecadas a menudo bañadas en azúcar y glucosa. Pueden ser verdaderas bombas. Nunca dejéis de revisar los ingredientes ponga lo que ponga el frontal de la caja. ¡Ah! Y que un producto sea eco no es ninguna garantía en este sentido: puede ir cargadito de azúcares eco y estar fabricado con refinadísimos cereales eco.

- **Yogures y lácteos refrigerados:** la nevera de los lácteos y análogos vegetales de los supermercados es cada vez más grande, la oferta es cada día mayor y cada vez cuesta más encontrar en esa maraña un producto saludable. En realidad, la mejor opción es muy simple: el yogur natural normal, el básico, sin azucarar ni edulcorar. O el yogur de soja natural también sin azucarar ni edulcorar. Esa es la mejor elección, y casi estoy por deciros que es la única buena. Vamos a repasar un poco grosso modo las tipologías de productos que encontramos en esta sección:

- **Yogures con sabor:** los clásicos yogures de fresa, de limón, de coco… tan habituales en los postres infantiles y omnipresentes en los menús escolares. Esos yogures no son un lácteo saludable. Son un postre azucarado sin más. Tienen entre 10 y 15 gramos de azúcar añadido por unidad y en general su sabor es a base de saborizantes artificiales. En este apartado incluimos los yogures con bifidus o con L-cassei: sus beneficios por encima de los de un yogur normal no se han demostrado y a menudo llevan grandes cantidades de azúcar.
- **Natillas, flanes, mousses:** igual que los anteriores, pero aún con más azúcar y grasas de mala calidad. Estos, además, ni siquiera tienen bacterias vivas.
- **Desnatados:** casi todos los yogures desnatados son edulcorados. Siguen siendo peor opción que el yogur natural normal, ya que la grasa

que les quitan en realidad aporta palatabilidad y saciedad y calóricamente tiene un bajo impacto en la alimentación global. Y el consumo de edulcorantes sabemos que no es inocuo: por un lado mantienen a nuestro cerebro acostumbrado a sabores anormalmente dulces y por otro tienen efectos poco deseables en la microbiota intestinal (1) (2), así que mejor limitar su consumo a momentos esporádicos y que no estén presentes en la dieta habitual.

Además, muchos postres desnatados o bajos en grasa, siguen conteniendo una buena cantidad de azúcar, especialmente los que son tipo cremas de chocolate, mousses y similares.

- **Yogures y postres vegetales:** exactamente igual que lo dicho para los lácteos: aquellos que contengan azúcar o edulcorantes no son un producto saludable para consumo diario, por muy vegetales que sean. Por desgracia, las referencias de yogures de soja naturales sin azucarar ni edulcorar son todavía pocas y en algunos supermercados no hay ninguna. Pero buscando un poco, las encontramos. Imprescindible, como siempre, leer los ingredientes. Y recordad que también pueden hacerse yogures vegetales caseros, controlando nosotros sus ingredientes.

- **Pan:** las tostadas son una opción tradicional de desayuno que pueden ser una buena idea, siempre y cuando se hagan con un pan integral de calidad. Para asegurarnos de que un pan es integral tenemos dos opciones: la primera, si se trata de un pan envasado, es revisar la lista de ingredientes exactamente igual que con los cereales de desayuno. El primer ingrediente debe ser «harina integral» o «harina de grano entero», y, en el caso de que no sea la única harina que lleve, deberá indicar sus porcentajes. Por debajo de un 70 % de harina integral, yo no lo consideraría una opción.

Es buena idea variar el tipo de pan que consumimos: de trigo, de centeno, de espelta, de varios cereales... pero cuidado con el pan de centeno, porque, como es más oscuro que el de trigo de forma natural, a menudo damos por hecho que es integral y no es así: muchos panes de centeno se hacen con harina de centeno refinada.

Cuando el pan no va envasado porque lo compramos en una panadería, la única manera de saber si es realmente integral es preguntar y que nos digan con qué harina está hecho. Mucho mejor si encontráis una panadería con obrador propio que hagan panes con masa madre y harinas de calidad.

Sabed que en el pan integral los nutrientes del grano entero son mucho más fáciles de absorber (tienen mayor biodisponibilidad) que en otras elaboraciones de harina integral, porque tanto la fermentación como la cocción larga destruyen gran parte de las fitasas, que son un compuesto presente en los cereales integrales que secuestra algunos minerales como el calcio y el hierro y que dificulta su absorción.

- **Cacaos solubles:** son un gran clásico en los desayunos, pero no son una buena elección. Se trata de productos que suelen rondar el 70 % de azúcar. Si queremos darle un punto chocolateado a nuestro desayuno, es mucho mejor elegir cacao puro. El sabor es mucho más intenso y aunque sea más amargo es cuestión de acostumbrarse o incluso de endulzarlo nosotros mismos y bajar poco a poco la cantidad de azúcar. Para mí, pocas cosas mejores se pueden tomar por la mañana que una taza de café solo con media cucharadita de cacao puro y un poco de canela. ¡Aquí os lo dejo!

- **Untables:** pueden ir desde la clásica mantequilla, a las cremas de chocolate, el queso de untar, patés, margarinas, mermeladas, tahina, mantequilla de cacahuete o de frutos secos, *hummus*, patés vegetales o incluso aguacate.

De entre estas opciones, si somos veganos, las mejores son el aguacate, el *hummus*, la tahina y las cremas de frutos secos o cacahuete sin azúcares añadidos. Las margarinas en general no son una opción demasiado interesante y si en los ingredientes vemos que llevan grasas hidrogenadas o parcialmente hidrogenadas directamente son una pésima opción, ya que ese tipo de grasas son las menos saludables que podemos encontrar. Y en cuanto a los patés vegetales, si no son caseros, hay que revisar los ingredientes, ya que muchos son ricos en sal y grasas de mala calidad y no contienen ningún ingrediente interesante. Es bastante fácil hacer untables caseros de frutos secos, tofu, calabaza, guisantes, berenjena, tomate seco, etc.

Entre las opciones ovolacto, la mantequilla de buena calidad no es tan mala opción como nos han vendido, pero nunca será superior a un aceite de oliva virgen extra. Las cremas de queso de untar suelen ser poco recomendables. Es mucho mejor un queso fresco o un queso tierno de calidad.

Respecto a las opciones azucaradas como las mermeladas, las cremas de chocolate o las mantequillas de cacahuete tradicionales (las que llevan muchísimo azúcar y a menudo también aceite de palma), cuanto más lejos mejor.

- **Otros:** el aceite de oliva virgen extra, los frutos secos, cualquier fruta u hortaliza como el tomate, las especias, las semillas… son buenas opciones para nuestro desayuno o merienda. También los huevos, si los consumimos y el queso de buena calidad si lo comemos. El tofu a lonchas puede ocupar su lugar en una tostada o bocadillo.

Como muchos ya sabéis, ni las galletas ni la bollería, ni los bizcochos o magdalenas son una buena opción, aunque sean caseras. Son productos ricos en azúcar y habitualmente refinados y hechos con grasas baratas e insalubres. Y aunque en casa los hagamos con harina integral y aceite de oliva, siguen siendo un producto azucarado (sí, el azúcar de caña, la panela, la miel o los siropes y melazas también son un azúcar añadido y sus ventajas sobre el azúcar blanco no son relevantes). Los bizcochos o galletas caseras son una buena opción para un día especial, un cumpleaños o una fiesta, pero nada más.

En el día a día, desayunemos y merendemos fruta, frutos secos, pan integral, aceite de oliva, tomate, leche o bebidas vegetales sin azúcares añadidos, yogures naturales o vegetales sin azucarar ni edulcorar, avena, semillas, cacao puro, especias, *hummus*, aguacate... ¿no os parece una oferta suficiente?

En resumen:

1. **Bebidas:** café, bebidas vegetales sin azúcar añadido, batidos hechos con la fruta entera, infusiones, tés, agua. Para los que consumen lácteos también leche. Les podemos añadir cacao puro, algarroba, canela u otras especias.

2. **Cereales y derivados:** copos de avena, cereales inflados o copos sin azúcar (de trigo, maíz, quinoa, mijo...), pan integral de cualquier cereal.

3. **Yogures y quesos:** naturales sin azucarar ni edulcorar, vegetales o no. También kéfir. Si se consumen lácteos, quesos de calidad, no quesos untables ni quesos fundidos. Parece que los de cabra y oveja son mejor opción a nivel digestivo.

4. **Fruta:** toda, mejor fresca. Si es batida que sea entera, no zumos ni licuados en los que le quitamos a la fruta toda su fibra. También fruta seca (pasas, higos, ciruelas, orejones...).

5. **Frutos secos:** todos, tostados o crudos

6. **Semillas:** todas, mejor rotas, molidas o machacadas para que podamos acceder a sus nutrientes.
7. **Untables o cremas:** tahina, *hummus*, pates vegetales caseros, mantequillas de frutos secos, aguacate. Para los que consumen lácteos, también mantequilla de buena calidad; para los que no, aceite de oliva virgen extra.
8. **Otros:** huevos si los consumimos, lonchas de tofu o tempeh, cualquier verdura u hortaliza, especias, hierbas aromáticas, levadura de cerveza, chocolate negro de más del 85 % de cacao…

Con todo eso podemos hacer mil combinaciones, desde un tradicional café con leche o bebida vegetal y una tostada integral con tomate y aceite a un porridge de avena con fruta y semillas, pasando por un yogur con pasas y frutos secos o un batido de plátano y cacao con bebida vegetal. También podemos hacer sándwiches integrales con aguacate, pepino, tomate y lonchas de tofu, algo rápido como una manzana y un puñado de nueces, algo dulce como una tostada integral untada con tahina y rodajas de pera espolvoreada con canela por encima, algo ligero como un café solo y un par de higos secos, algo fresco como un bol de melón con menta junto a un puñado de almendras…

Comer fuera

Hasta aquí todo parece muy fácil ¿verdad? Es sencillo cuando uno puede controlar lo que compra y lo que come, pero ¿qué pasa cuando se come fuera? ¿O cuando se sale de viaje? ¿Estamos los vegetarianos condenados a comer mal o conformarnos con lo que haya? Bueno, a veces sí, pero se pueden tomar precauciones:

Kit de emergencia para salidas cortas: para días en los que vas a estar mucho tiempo fuera de casa, o en transportes, estaciones y aeropuertos que ya sabemos que no brillan precisamente por lo saludable de su oferta gastronómica (no digamos ya si encima buscamos opciones vegetarianas), que no falte en tu bolso o mochila algo de fruta, mejor fruta fácil de pelar y comer, que no manche demasiado (los plátanos son los reyes, pero también las manzanas, las mandarinas y las peras). Otra opción es llevarla limpia y cortada en un *tupper* o un bote de cristal, ahí ya podemos llevar lo que nos apetezca.

Es imprescindible también la bolsita de frutos secos: ocupan poco, se conservan bien y son fáciles de comer. Añade un par de trozos de chocolate negro en esa bolsa y serás la envidia de los que estén pagando una fortuna por cualquier porquería.

Llévate un sándwich o bocadillo, ya que los que puedas comprar rara vez serán veganos o te tendrás que conformar con lechuga y tomate. Si eres ovolacto siempre te queda el de queso y el de tortilla. Llevarlo hecho ocupa poco, será de pan de calidad y podrás rellenarlo de algo realmente rico, como tomate seco, seitán y berenjena asada o manzana, rúcula, mostaza y tofu ahumado, o tahina, plátano a rodajas y chocolate negro. ¿En serio prefieres pagar una pequeña fortuna por un bocadillo chicloso en un aeropuerto?

Una terrina de *hummus* también es fácilmente transportable (incluso se puede comprar hecho) y lo puedes acompañar de palitos de zanahoria y apio, que se pueden llevar en una bolsa. Añade unos tomates cherry y comerás de lujo en cualquier parte. No necesitas ni cubiertos.

Restaurantes y viajes: en los restaurantes, hay veces que no queda otra opción que comer ensalada y patatas, pero si elegimos con un poco de ojo se puede comer bastante mejor. Es fácil que los italianos tengan algo vegano, aunque sea una *pizza* sin queso o un plato de pasta con verduras o con salsa de tomate. Si eres ovolacto lo tendrás chupado.

Los chinos y restaurantes orientales suelen tener opciones veganas, muchos tienen incluso tofu: son la salvación.

En los típicos restaurantes tipo «menú del día» puedes intentar combinar dos primeros, por ejemplo ensalada y lentejas. Si tienes la suerte de que las lentejas no son con chorizo, claro. O pedir algún cambio en alguno de los platos. Creo que son los más difíciles, pero arroz, verduras y con mucha suerte alguna legumbre, siempre puedes encontrar.

Es muy probable que cuando te toque comer fuera, te quede coja la parte proteica del menú. Si eres vegano la opción de legumbres no suele abundar y solo los restaurantes orientales suelen tener tofu. Si eres ovolacto, raro será que te nieguen un huevo o una tortilla francesa, eso sí.

Simplemente, en tu próxima comida tenlo en cuenta y refuerza la parte proteica, aunque vamos, si es algo puntual, no pasa absolutamente nada y no tienes de qué preocuparte. Solo si te sucede a menudo. O incluye alguna ración proteica en tu desayuno o media mañana si sabes que en la comida lo vas a tener difícil.

Si tienes un viaje de varios días en el que vas a comer y cenar fuera y no tienes en el alojamiento opción de cocinar o prepararte nada, no es mala idea llevarse un paquete de proteína en polvo. Hay muchas opciones veganas y siempre la puedes disolver en agua o bebida vegetal. Como solución de emergencia es fácil de transportar y de preparar, menos da una piedra. Dos batidos al día y en las comidas pide verduras y arroz, pan o pasta: sobrevivirás. Es una solución de emergencia, ojo, sobre todo para viajes a países o zonas donde la oferta vaya a ser muy limitada o vayas a estar en zonas aisladas y no puedas ir cargado con un montón de comida y que sean, además, viajes que vayan a durar varios días o semanas. De todos modos, lo habitual es que tengas supermercados o tiendas a mano en los que reponer la reserva de fruta, frutos secos, e incluso comprar algún bote de legumbre cocida, *hummus* preparado o tofu para bocadillos.

Y nos estamos poniendo en lo peor, porque lo cierto es que en muchos lugares, especialmente norte de Europa, Asia y en algunas zonas de EE.UU. las opciones veganas pueden ser mucho más amplias que en España y puedes encontrarlas en multitud de restaurantes. En toda Latinoamérica es fácil conseguir el típico plato de arroz y frijoles, que recibe distintos nombres a lo largo del continente. Y en gran parte de Asia comer vegano no es un problema en absoluto. Así que tampoco pienses que va a ser tan malo.

BIBLIOGRAFÍA DEL CAPÍTULO 6

1. Bokulich NA, Blaser MJ. A bitter aftertaste: unintended effects of artificial sweeteners on the gut microbiome. Cell Metab. 2014;20(5):701-3.

2. Suez J, Korem T, Zeevi D, Zilberman-Schapira G, Thaiss CA, Maza O, et al. Artificial sweeteners induce glucose intolerance by altering the gut microbiota. Nature. 2014;514(7521):181-6.

Capítulo 7

De crudiveganos, macrobióticos y superalimentos. FAQ's. Ciencia y conciencia

«Una ciencia privada de conciencia humanística es algo tan estremecedor como una conciencia que habla del mundo a espaldas de la ciencia».

Edgar Morin

Ya hemos visto que el vegetariano no es un patrón de alimentación único ni estandarizado, que hay tantos tipos de dietas vegetarianas como personas y que, como cualquier otro tipo de dieta, puede estar bien o mal planteado. E incluso sabemos que dentro de una alimentación vegetariana bien planteada también tenemos opciones diversas, que tienen en común solo algunos mínimos.

Dentro del vegetarianismo hay algunas corrientes que van uno (o varios) pasos más allá y que son estilos de vida en sí mismos. En este caso, más no es mejor. Ninguna de las corrientes que salen del veganismo es necesariamente más saludable que una dieta vegana bien planteada. En realidad, o lo son menos o son más difíciles de cuadrar adecuadamente.

Tampoco aportan ninguna ventaja desde un punto de vista ético, medioambiental, social o político. Al contrario, si además nos dedicamos a consumir habitualmente coco y derivados, que están ahora muy de moda, superalimentos traídos de la otra parte del mundo como el baobab y frutas exóticas, tendremos un impacto medioambiental bastante mayor que con una dieta vegana clásica compuesta por productos locales y de temporada.

Vamos a empezar hablando del tipo de dieta que más dudas suscita dentro de las corrientes que derivan del veganismo y que es, probablemente, la más conocida: el crudiveganismo.

¿Qué es crudivegano?

La alimentación crudivegana cumple los mismos principios que la vegana: es decir, no se consumen alimentos de origen animal, pero además se añade otro requisito que es que todo aquello que se consuma estará crudo o, a lo sumo, deshidratado o con un tratamiento térmico sin que se superen nunca los 40 o 42° C, que es, según los preceptos de esta alimentación, la temperatura máxima que alcanzaría un alimento expuesto al sol. No tengo datos para contrastar la fiabilidad de esta afirmación, pero tampoco parece muy descabellada.

¿Es saludable? ¿Se cubren requerimientos nutricionales?

Si creéis que los crudiveganos solo comen fruta y ensalada, estáis muy equivocados. Además de eso en una alimentación crudivegana se consumen legumbres y granos (ambos, germinados), frutos secos crudos o remojados y semillas.

Hay multitud de técnicas de cocina crudiveganas muy interesantes y se pueden hacer elaboraciones que son una auténtica maravilla y deliciosas. Si nunca os habéis adentrado en ello, estoy segura de que os sorprenderían. Buscad en Google blogs crudiveganos (o *raw vegan* en inglés) y echadles un vistazo. No os esperáis lo que vais a encontrar.

A la pregunta de si una alimentación crudivegana puede cubrir los requerimientos nutricionales de un adulto sano, la respuesta es sí. Con suplemento de B12, claro, como cualquier vegano.

Ahora, si la pregunta es si es fácil, entonces la respuesta es no. Y os cuento las principales dificultades que yo le veo a una alimentación crudivegana a largo plazo:

Puede ser complicado cubrir requerimientos energéticos porque las comidas suelen ser voluminosas y muy ricas en fibra y agua, lo que favorece la saciedad temprana, especialmente si se trata de una persona con requerimientos elevados, como podría ser un deportista. Así pues, si se sigue este tipo de dieta, no hay que descuidar una buena ración diaria de frutos secos, añadir a las comidas alimentos ricos en calorías como aguacate, coco (si vivimos en el trópico o si no nos importa la sostenibilidad), semillas, aceitunas, fruta desecada, dátiles... Las barritas crudiveganas hechas con fruta desecada, coco, cacao crudo y frutos secos son una buenísima opción.

También puede ser más difícil cubrir requerimientos proteicos. Las legumbres germinadas se convierten en un imprescindible. Una dieta vegana muy pobre en legumbres a largo plazo puede tener carencias de lisina.

Será aconsejable tener siempre legumbres germinadas y añadirlas a tus comidas y disponer también de semillas, especialmente de calabaza (ricas en lisina). Los frutos secos completaran el aporte proteico y también algún grano germinado si lo consumes. Recuerda que el remojo y el germinado aumentan la biodisponibilidad de los nutrientes.

Es fácil que una alimentación crudivegana sea excesivamente baja en grasas, lo que puede terminar en un déficit de las vitaminas liposolubles y en alteraciones hormonales. Es relativamente frecuente que las mujeres que siguen durante un tiempo largo una dieta crudivegana acaben con amenorrea (falta de menstruación) causada por desarreglos hormonales y/o por un aporte energético insuficiente. Esto es fácilmente prevenible si, como decíamos antes, se comen a diario frutos secos, aguacate, semillas, aceite de oliva y coco, en su caso.

Puede no ser la mejor idea para niños pequeños, De hecho la AND (Academy of Nutrition and Dietétics de EE.UU.) desaconseja explícitamente esta dieta en niños. Para ellos puede ser aún más complicado que para los adultos cubrir requerimientos energéticos por ser una alimentación demasiado saciante por su volumen y contenido en fibra. Además, puede ser difícil de digerir.

Un niño puede llevar sin mayor problema una dieta vegana normal. Pero no te la juegues con algo que ya es complicado de cuadrar para un adulto. En niños pequeños, no.

También es posible que un cambio brusco a una dieta crudivegana estricta esconda algún tipo de trastorno de la conducta alimentaria, ya que es una gran excusa para restringir muchos alimentos y además el que se venda con frecuencia como una solución para adelgazar y hacer detox no ayuda demasiado. Así que tened cuidado con población de riesgo como las adolescentes y en caso de duda recurrid a profesionales sin demora.

No todas las personas que siguen una alimentación crudivegana lo hacen todo el tiempo: muchos son un 70 u 80 % crudiveganos y sus comidas cocinadas suelen coincidir con comidas fuera de casa o lo disponen así en su menú semanal.

Pero ¿es más sano?

Pues depende de con qué la compares. En vista de que la alimentación occidental tradicional es desastrosa, rica en azúcares añadidos, cereales refinados y productos altamente procesados, casi cualquier cosa es más saludable. Así que esto no tiene mérito.

Ahora, no creo que una alimentación crudivegana presente ventajas de salud por encima de una dieta vegana bien planteada. De hecho creo que es al contrario, que puede dificultar la alimentación y aumentar el riesgo de déficits nutricionales a largo plazo si no se planea con bastante cuidado.

Todas las teorías habituales de las personas que defienden este tipo de dieta como más saludable, en las que dicen que los alimentos cocinados están muertos y no contienen nutrientes, son falsas. Los alimentos cocinados conservan la mayor parte de los nutrientes, e incluso aumenta la biodisponibilidad de muchos de ellos (1). Aunque algunos se destruyan o disminuya su concentración, en absoluto se convierten en serrín, que es lo que insinúan los defensores de esa teoría. Si eso fuera así tendríamos los hospitales a rebosar de gente desnutrida. Comer tanto crudo como cocinado nos permite beneficiarnos de las ventajas de ambas opciones.

Eso sí, me encanta la idea de meter más opciones crudiveganas en la alimentación. Porque comer fruta, verdura, frutos secos y semillas siempre está bien y porque como os he dicho hay cosas muy apetecibles y que me parecen ideas buenísimas, como los *zoodles*, que son espaguetis vegetales hechos con zanahoria o calabacín, o las lasañas crudiveganas o las barritas o hasta los postres, que son fantásticos.

Si lo que queréis son estudios científicos, tengo que deciros que hay muy poca cosa y que además los que hay no dejan al crudiveganismo en muy buen lugar: uno del año 99 concluye que causa amenorrea en mujeres y que no es recomendable a largo plazo (2) y otro más reciente, de 2005, concluye que causa pérdida de masa ósea y bajos niveles de vitamina D (3). También hay un estudio piloto en el que al parecer a los participantes les sentó bien una estancia crudivegana de 3 semanas, lo cual no nos dice gran cosa (4). Y también tenemos otro que valoró la adherencia a la dieta crudivegana, sin sacar ninguna conclusión reseñable (5). Vamos, que tenemos tan poca cosa que, más que tirar de literatura científica, hay que tirar de sentido común.

La versión más extrema de la alimentación crudivegana sería la «frutariana» o «frugívora», es decir, alimentarse solo de fruta. Es una opción necesariamente deficitaria a la larga. Hay quien incluye en esta corriente los frutos secos y quien no lo hace. En cualquier caso, no se trata de una opción realista ni recomendable y mantenida en el tiempo causará déficit proteico entre otros.

¿Y la macrobiótica?

No voy a extenderme mucho en este tema, pero sí me parece importante señalar un error muy habitual: la dieta macrobiótica no es necesariamente vegetariana, ya que incluye en su planteamiento más clásico el consumo de pescado e incluso de pequeñas porciones de carne.

Tampoco voy a entrar a hablar de los principios del *Yin* y el *Yang* que rigen la macrobiótica, ni de todo el acompañamiento espiritual y de creencias que conlleva, porque no soy una experta en el tema ni es el objeto de este libro. Y ojo, yo sí creo que muchos principios de salud de la medicina oriental tienen sentido y no veo que sea de recibo la burla habitual y sistemática a la que se los suele someter por parte del colectivo científico o de algunos divulgadores de salud y ciencia, que los tachan de poco basados en evidencia, porque a menudo son solo otra manera de explicar las cosas. Eso no quita que no haya mucho cantamañanas y estafador que se aprovecha de estos conceptos para lucrarse y hacer afirmaciones que no solo son falsas, sino peligrosas.

La macrobiótica bien planteada puede ser perfectamente saludable y también puede ser una dieta totalmente deficitaria en sus versiones más extremas en las que se consume casi únicamente arroz integral. Como siempre, el truco está en el planteamiento. Simplemente quería señalar el error de considerar la macrobiótica una dieta vegetariana, cuando no lo es. Si qué podríamos considerarla una *plant based diet* o dieta basada en vegetales porque los alimentos de origen animal los contemplan en pequeñas porciones. Y también es posible realizar una dieta macrobiótica que sea, a su vez, vegetariana. Pero ambos conceptos no van necesariamente unidos.

Un apunte importante: es habitual que las personas que siguen la dieta macrobiótica hagan un consumo elevado de algas. Recordemos lo que hemos comentado a este respecto en la página 101 respecto a su elevado aporte de yodo.

Superalimentos, ¿necesarios? ¿recomendables?

Esta es una moda relativamente reciente. Se trata de productos por lo general exóticos, que vienen muchas veces en polvo, listos para añadir a batidos u otras comidas y que prometen todo tipo de beneficios y también un aporte extraordinario de diferentes nutrientes (proteínas, vitaminas, minerales, antioxidantes…).

No os voy a engañar: me ponen de bastante mal humor esos productos. Os explico por qué:

- Son productos por lo general no autóctonos (baobab, maca, açai, bayas de goji, mesquite...); es decir, poco sostenibles.
- Son productos caros con los que muchas empresas están haciendo un tremendo negocio a base de exagerar sus propiedades... o inventárselas directamente.
- Son productos innecesarios: no necesitamos reforzar todos esos nutrientes en un entorno como el nuestro, con acceso a alimentos. Todo lo podemos cubrir con una alimentación normal y si en algún momento necesitamos un suplemento (por ejemplo, de hierro), ningún superalimento lo va a sustituir.
- Sus propiedades están exageradas: aunque un producto tenga una alta cantidad de proteínas o de calcio por 100 gramos, si la ración de consumo es una cucharadita de 5 gramos, el aporte neto va a ser ínfimo y no va a tener la menor relevancia en el cómputo global de nuestra dieta.

¿Qué no incluyo en esa clasificación? Pues por ejemplo la levadura de cerveza, cuya producción sí puede ser cercana y su precio es mucho más bajo. Sí me parece un buen condimento y además está muy buena. Eso sí: que nadie piense que tomar levadura de cerveza va a compensar en modo alguno una mala dieta.

Yo suelo tener siempre un bote con una mezcla de levadura de cerveza y semillas rotas de sésamo y lino que espolvoreo sobre tostadas, ensaladas, cremas, aguacate... probad con eso y dejaos de superalimentos a más de 50 euros el kilo (y no es broma).

Tampoco creo que sea buena idea dar la sensación de que una dieta vegetariana precisa de todos estos carísimos y exóticos productos. Además de que es mentira, hace un flaco favor a la causa. De este tipo de cosas viene luego la creencia absurda de que ser vegetariano es caro. Es caro depende de lo que compres, exactamente igual que con una alimentación omnívora. Si compramos merluza de pincho, gambas de Huelva, foie, jamón de jabugo y ternera de Kobe, nos va a salir por un pico.

En realidad los productos que conforman el grueso de una alimentación vegetariana saludable son muy asequibles: fruta y verdura de temporada y legumbres. El peor jamón york o el pollo más barato son más caros que el tofu o que la soja texturizada. Así que una dieta vegetariana local y saludable, probablemente sea más barata que una dieta omnívora local y saludable. O por lo menos, ahí andarán. En cualquier caso, la excusa económica no cuela.

FAQ'S (Preguntas Frecuentes)

Hay algunas cuestiones y dudas recurrentes que me preguntan semana tras semana en redes sociales, en los comentarios del blog o por *email*. Muchas de ellas creo que han quedado respondidas a lo largo de las páginas previas: preguntas sobre la B12, las proteínas, el hierro o los menús saludables, por ejemplo. Pero hay otras que no han tenido cabida en ninguno de los temas abordados a lo largo del libro y a las que me gustaría responder aquí.

¿Los niños pueden ser vegetarianos?

Sí. En realidad la alimentación infantil vegetariana daría para otro libro entero. Solo deseo remarcar que es muy importante que suplementemos la B12 a los bebés y niños vegetarianos desde el momento en que se inicia la alimentación complementaria. Hasta ese momento la obtienen de la leche materna (si la madre vegetariana se suplementa adecuadamente) o de la leche de fórmula en su defecto.

Dice la Asociación Española de Pediatría, en su *Manual Práctico de Nutrición Pediátrica* (6) en el capítulo 14 escrito por J. de Manueles, C. García Rebollar. (Sí, voy a citar un texto español, marcadlo en el calendario):

«En conjunto, de las ventajas y desventajas, hay que concluir por extensos estudios realizados que los niños vegetarianos occidentales, cuidando su alimentación, tienen una salud por lo menos tan buena como los omnívoros. La lucha de los expertos en nutrición por advertir los posibles efectos negativos en la población infantil de las dietas más o menos vegetarianas, y cómo pueden afectar su desarrollo tienen enfrente también en lucha a las sociedades vegetarianas, para defender que sus dietas son mucho más saludables que las que tienen carne y pescado. Probablemente lo más oportuno sería integrar parte de las dietas vegetarianas en los omnívoros para mejorar su nutrición».

*Si estoy embarazada y soy vegetariana
¿es suficiente con la B12 que contienen la
mayoría de suplementos perinatales?*

En general, no. Son suplementos pensados para mujeres con dieta tradicional y no suelen llevar la B12 suficiente para ser un buen suplemento diario. El consejo es que no dejes de tomar tu suplementación de B12 habitual (por ejemplo los 2.000 mcg semanales) aunque el suplemento que te recomiende tu profesional sanitario de referencia también la lleve.

*Ya sé que no es sano, pero quiero hacer repostería casera
igualmente ¿cuál es el endulzante menos malo?*

Si es algo esporádico (una vez cada 2 o 3 meses) usa azúcar normal. No va a tener un impacto significativo en tu dieta global ni en tu salud. Si es algo habitual, usa también azúcar normal. Cualquier otro endulzante (miel, sirope, azúcar de coco, panela) sigue siendo un azúcar añadido y deberíamos limitar todos los azúcares añadidos. Además, estos endulzantes son más caros y dan falsa sensación de salubridad. La repostería es igual de poco recomendable uses el endulzante que uses, porque además, siempre va a desplazar a alimentos saludables como la fruta, los frutos secos, un sándwich integral, un yogur natural o vegetal sin azúcar… Si quieres endulzar, usa azúcar normal y no te consueles con azúcares sanos. No hay azúcar añadido sano, vive con ello.

No quiero comprar transgénicos ¿debo dejar de consumir soja o derivados?

En Europa la legislación obliga a indicar en el etiquetado si un producto contiene transgénicos (OGM) por encima del 0,9 % que es el límite de detección en el laboratorio. Si no lo indica, no los lleva. Y como suelen tener mala prensa, son muy pocos los productos de venta directa al público que llevan soja transgénica. Es diferente en EE.UU. ya que no compartimos la misma legislación.

La inmensa mayoría de soja transgénica se destina a piensos para alimentar al ganado, ya que la legislación no obliga a indicar que «este filete proviene de una ternera alimentada con transgénicos».

Con esto no asumo que los transgénicos sean necesariamente insanos, pero entiendo que no los queráis en el plato. Yo tampoco. Y no precisamente por motivos de salud.

Los productos eco o bio ¿son más saludables desde un punto de vista nutricional?

No. Un producto puede ser eco y estar cargado de azúcar, harina refinada y grasa de mala calidad. Unas galletas eco siguen siendo un producto insano. El sello eco no garantiza absolutamente nada a nivel nutricional. Únicamente indica que los ingredientes provienen de cultivos que cumplen la normativa de la agricultura ecológica. Lo único que podemos asumir es que en principio tendrán menos pesticidas de síntesis química, pero en modo alguno que tengan un buen perfil nutricional necesariamente. Igual que con cualquier otro producto, deberemos revisar la lista de ingredientes.

¿Puedo ser vegetariano sin comprar productos
que no haya en mi supermercado cercano?

Sí. La idea de que un vegetariano consume todo tipo de productos raros y difíciles de encontrar es un mito. Con fruta, verdura, legumbres, frutos secos, cereales integrales y aceite de oliva puedes ser vegetariano tranquilamente. Y con lácteos y huevos, si es que los consumes. Todo ello se vende en cualquier supermercado de barrio y además es económico.

Pero es que incluso si te apetece tomar alguna bebida vegetal, yogur de soja o tofu, hoy en día también dispones de esos productos en la mayoría de las tiendas. Aunque es un error garrafal creer que son indispensables en una dieta vegetariana.

En las grandes superficies encontramos también soja texturizada o seitán, si es que nos apetece. Así que la excusa de «no puedo ser vegetariano porque en mi pueblo no venden cosas raras» no sirve.

¿Se considera vegano un producto que indica
que puede contener trazas de leche o huevo?

Aunque puede haber distintas interpretaciones, en principio, sí. La información sobre las trazas va dirigida a gente alérgica y se refiere a que dicho producto se ha producido en unas instalaciones y/o en una maquinaria en la que se usan esos ingredientes en otros productos.

Es decir, el aviso de trazas no significa que el producto lleve ese ingrediente: si así fuera constaría en la lista de ingredientes como tal. Solo que puede existir la posibilidad de contaminación. Se están curando en salud.

Pedirle a una marca que para fabricar un producto vegano, compre maquinaria nueva y acondicione instalaciones separadas, si le sirven las que ya tiene, no es realista en absoluto.

La leche de las mujeres vegetarianas, ¿es menos nutritiva para el bebé que la de las mujeres no-vegetarianas?

En absoluto. En lo único que debemos insistirle a una madre lactante vegetariana, más allá de los consejos de alimentación saludable y precauciones básicas que daríamos también a cualquier otra madre, es en que se suplemente adecuadamente la B12.

El neurodesarrollo de los niños gestados y amamantados por madres vegetarianas en el mundo occidental es normal. (7)

¿Es cierto que ser vegetariano aumenta el riesgo de padecer un trastorno de la conducta alimentaria?

No. Lo que sí es cierto es que la dieta vegetariana es a menudo usada como excusa entre aquellos que sufren un trastorno de la conducta alimentaria, porque es un clavo al que agarrarse para restringir alimentos.

Ser vegetariano no significa comer poco, ligero o bajo en calorías. Las patatas fritas son veganas. Hay una gran diferencia entre querer ser vegetariano y querer alimentarse de lechuga sin aliñar. Si tenemos la sospecha que alguien está usando el vegetarianismo como excusa para ocultar un TCA (Trastorno de la Conducta Alimentaria), lo adecuado es recurrir inmediatamente a un equipo profesional multidisciplinar especializado en el tema y pedir ayuda. Si no sabes a dónde acudir, pregunta en tu centro de atención primaria.

Si no consumo huevo, ¿nunca más tomaré merengue? ¿Y tortilla?

Hay una manera de hacer merengue vegano, que consigue un producto prácticamente indistinguible del que se hace con clara de huevo. Consiste en batir el aquafaba, que así se ha dado en llamar al líquido concentrado donde se han cocido legumbres (sin sal, si vas a hacer merengue). Sirve por ejemplo el líquido que llevan los garbanzos de bote. Si lo batimos con varillas monta de manera similar a las claras a punto de nieve. Añadiendo azúcar obtenemos una preparación muy parecida al merengue tradicional. También se puede usar una sustancia que se obtiene cociendo semillas de lino.

Respecto a la tortilla, la más difícil de imitar es la tortilla francesa. En cambio la tortilla de patatas sí que se puede elaborar sin que se note que no lleva huevo. Busca en internet algún tutorial sobre cómo hacerla y te sorprenderás. Personalmente te recomiendo muchísimo la web de Virginia García (http://www. gastronomiavegana.org/) y sus absolutamente insuperables tutoriales de técnicas de cocina vegana.

¿Es cierto que si dejo de beber leche me convertiré en intolerante a la lactosa?

Sí, puede suceder. Las personas intolerantes a la lactosa tienen déficit de una enzima, la lactasa, que es imprescindible para la correcta digestión de la lactosa. Gran parte de la humanidad pierde la capacidad de producir esta enzima pasado el periodo de lactancia, aunque hay poblaciones como la europea que, gracias a una mutación genética relativamente reciente, tienen persistencia del gen que regula la producción de lactasa en la vida adulta y siguen produciendo lactasa durante toda la vida, lo que les permite seguir consumiendo lácteos ricos en lactosa. Si cesa la estimulación, por dejar de consumir lácteos durante una larga temporada, es probable que perdamos la capacidad de digerir la lactosa y nos convirtamos en intolerantes.

¿Hay que cocinar el tofu largo tiempo antes de comerlo?

En general, el tofu que encontramos en tiendas y supermercados está listo para consumirse tal cual sacado del paquete. En el caso de que necesite un tratamiento térmico previo, el fabricante lo indicará en el embalaje.

¿Debo evitar la soja si tomo medicación
para el hipotiroidismo?

No. Aunque es cierto que la soja tiene compuestos que pueden interferir en la acción del medicamento, es suficiente con que separes su toma de la ingesta de soja en unas tres horas, salvo que tu médico te dé otra indicación distinta.

Si consumes soja habitualmente, informa de ello a tu endocrino para que lo tenga en cuenta a la hora de pautarte la dosis de medicación.

¿El aguacate, los frutos secos y las legumbres engordan?

No engorda ni adelgaza un alimento aislado, es el conjunto de la dieta, junto con la actividad física que realicemos y nuestras circunstancias personales lo que va a determinar que ganemos peso, lo perdamos o lo mantengamos.

Así pues, dividir los alimentos en «los que engordan» y «los que no» es una estupidez. Hay alimentos muy calóricos que son a su vez muy saludables y de ningún modo deberíamos apartar de nuestra dieta juzgándolos exclusivamente por su valor calórico.

Existe un concepto mucho más importante que el del

valor calórico y del que curiosamente se suele hablar poco: la densidad nutricional. Un alimento de alta densidad nutricional sería lo contrario a un alimento que proporciona básicamente calorías vacías.

¿Es malo comer fruta después de comer?

No. No hay ningún momento malo para comer fruta. Ninguno de los mitos que la envuelven es cierto. Come fruta, cualquiera (local y de temporada, mejor) y cuando quieras. Fin.

¿Puedes recomendar blogs de nutrición fiables?

Mi blog preferido, de nutrición y del mundo, es *Mi Dieta Cojea* (www.midietacojea.com). Lo escribe mi compañero Aitor Sánchez.

Otros blogs de nutrición en español que cuelgan contenido de interés y que yo suelo leer son: *El Nutricionista de la General* (http://juanrevenga. com/), el blog de Julio Basulto (http://juliobasulto. com/blog/), *Nutrisfera* de Daniel Giménez (http:// nutrisfera.blogspot.com.es/), *Equilibra't* de Silvia Romero (https://equilibratnutricio.wordpress.com/), el blog de Sara Garcés (https://laopiniondesara. wordpress.com/) o *Como Cuando Como* de Luis Cabañas (https://comocuandocomo.wordpress.com/), *Biografía de un plato* de Ana Amengual (http:// biografiadeunplato.com/) y la cuenta de Instagram de Victoria Lozada (https://www.instagram.com/nutritionisthenewblack/). Y si os interesa la nutrición pediátrica tenéis que seguir obligatoriamente a Melisa Gómez (http://nutrikids.com.es/).

Solo nombro blogs que tienen una cierta continuidad y no aquellos que pasan largas temporadas sin escribir o que no se actualizan desde hace tiempo. A Aitor, Juan, Julio, Silvia, Sara, Luis, Ana, Victoria y Melisa os aconsejo, además, seguirlos en redes sociales porque a menudo publican artículos en otros portales o medios, o contenido interesante. En sus webs tenéis los enlaces al resto de sus redes.

Cuando leáis algo en internet sobre nutrición que os chirríe, que no estéis seguros de si es información fiable o no, preguntadles. Son muy accesibles en Twitter y en Facebook y seguro que os van a contestar.

Todos los que he nombrado son blogs de nutrición en general, no específicamente de nutrición vegetariana. De hecho también *Dime Qué Comes* es un blog de nutrición general y los *post* dedicados específicamente a nutrición vegetariana son solo una pequeña parte de su contenido.

Aprovecho para señalar algo que me corroe por dentro aunque no venga demasiado a cuento: a pesar de ser la de dietista-nutricionista una profesión con aplastante mayoría femenina, los divulgadores de primera línea son todos hombres. También son mayoría los ponentes masculinos en congresos de nutrición, los que escriben publicaciones científicas y los que ocupan puestos de representación. Me ha costado encontrar webs escritas por mujeres que incluir en mi lista, pero de ningún modo quería ofreceros una retahíla únicamente de hombres, porque puede que ellas no tengan la misma repercusión mediática que ellos, pero ¿es porque su contenido es de menor calidad? No creo. Rómpete el cuello contra el techo de cristal, que dijo mi amigo Marc en un *post* publicado en mi blog en julio de 2015.

En inglés tenemos excelentes blogs dedicados específicamente a nutrición vegetariana escritos por profesionales, como *The Vegan RD* de Virginia Messina (www.theveganrd.com) o la web de Jack Norris (www.jacknorrisrd.com). También tenemos una web dedicada en exclusiva a la nutrición vegetariana perteneciente a la Academy of Nutrition and Dietetics de EE.UU. (www.vegetariannutrition.net).

Con ciencia

No quería cerrar el libro sin volver a la idea del primer capítulo, que es en realidad el principal concepto que me gustaría transmitir con este texto.

Ya hemos hablado de que la alimentación vegetariana se escoge por motivos que van más allá de los puramente científicos, que serían los de salud. Al menos en vegetarianos bien informados. Y esta característica es la que diferencia la dieta vegetariana de otras opciones dietéticas que se defienden solo en base a ciencia, con más o menos sesgo... y con más o menos tergiversación, también hay que decirlo (dieta paleo, *low carb*, etc). Y se diferencia también de los estilos de alimentación marcados por tradición religiosa (*kosher*, *halal*, jainismo, cuaresma católica, etc).

La opción vegetariana se basa, en general, en una decisión vital meditada y consciente. No en un acatamiento a normas religiosas incuestionables y no en una hipótesis científica egoísta. Y digo egoísta porque los nuevos planteamientos dietéticos únicamente basados en ciencia, con más o menos solvencia, solo tienen en cuenta el beneficio del propio individuo. Si se cree que tal o cual producto es el óptimo carece de importancia el coste medioambiental que se pague para producirlo o para transportarlo desde la otra punta del planeta, y carece también de importancia el hecho de que sea un estilo dietético solo al alcance del privilegiadísimo primer mundo, que no olvidemos que los privilegios de unos pocos se apoyan siempre sobre las espaldas de unos muchos y sobre la destrucción de sus derechos.

Nosotros, que podemos elegir, tenemos el deber moral de hacerlo bien. Bien para todos. Hasta donde esté en nuestra mano.

La visión de la alimentación solo desde el punto de vista nutricional es reduccionista. Algo con tantas implicaciones no puede verse solo desde un ángulo. Nuestras decisiones alimentarias repercuten en nuestra salud, qué duda cabe. Pero también tienen repercusiones económicas, políticas, sociales, medioambientales y éticas. Elegir lo que comemos obviando todas esas facetas no parece muy responsable. Ni muy solidario. Ni muy inteligente.

Por eso, la eterna discusión **vegetarianismo sí o no** basada únicamente en marcadores de salud y epidemiología carece de sentido. Nos cansa, nos aburre, miramos al que tenemos delante pensando «otra vez otro que no se ha enterado de nada». La lucha hace mucho tiempo que ha dejado de ser esa. Ya nadie se plantea si ser vegetariano en el mundo desarrollado es viable porque la respuesta es obvia. Querer discutir ese punto aún a estas alturas o denota falta de información o simplemente necesidad de reafirmarse en estar haciendo lo correcto cuando se sospecha bastante que no es así.

Y es lógico que la competición se baje a esos niveles, a los de ver quién gana el pulso mirando valores plasmáticos de nutrientes o prevalencia de patologías. Es en el único plano en el que se puede competir. Si nos medimos en el terreno social, político, medioambiental o ético ¿qué opción dietética nos planta clara aquí y ahora, en el primer mundo? Dejo la pregunta abierta, que tampoco es plan de avasallar.

Es ahí donde la opción vegetariana marca la diferencia. Aunque se puede defender a golpe de estudio científico, como he hecho en los capítulos 3 y 4, lo cierto es que no lo necesitamos. Salvo que nos toquen mucho las narices, claro. Que a veces, ante algunas actitudes, es necesario apilar diez metaanálisis frente a la cara de alguien, tampoco lo voy a negar. Y el gusto que da...

No lo necesitamos porque su viabilidad está más que probada, tenemos grandísimos grupos de población que llevan este tipo de alimentación durante todo el ciclo vital sin que existan diferencias sustanciales en cuanto a mortalidad o comorbilidad respecto al resto de individuos de su entorno, y cuando existen, resulta que van casi siempre a favor. Y, en el momento en que consigamos que todo vegetariano se suplemente la B12, en el higienizado primer mundo es muy probable que los resultados epidemiológicos mejoren todavía más. El reto a día de hoy, en el mundo desarrollado, es más evitar los desastres dietéticos típicos de la occidentalización (azúcar, sedentarismo, productos muy procesados) que cuadrar al milímetro una alimentación vegetariana saludable. Con unas precauciones básicas, no hay mayor problema. Y esto lo podemos aplicar también a una alimentación omnívora tradicional, también es necesario tomar algunas precauciones básicas con ella, por si a estas alturas de libro aún queda alguien pensando que con comer carne y pescado ya tiene la dieta saludable resuelta.

Por pura estadística, la inmensa mayoría de los que hayáis leído este libro y llegado hasta aquí, no seréis vegetarianos. Ni os plantearéis serlo, soy realista y sé que mi poder de convicción es limitado. Pero sí confío en dos cosas:

La primera, que haya cambiado en algo vuestra visión. Tanto si sois proveg y teníais la cabeza llena de mitos y pájaros, como si sois *veganhaters* y nunca habíais mirado más allá de los *papers* (los que os son favorables, claro), como si sois neutros y considerabais el tema más bien un capricho o moda de niños pijos.

La segunda, que cuando vayáis a coger un paquete de fiambre del estante del supermercado o a pedir medio kilo de kiwis de Nueva Zelanda en la frutería os venga algún recuerdo de este texto y hagáis una elección mejor.

Con eso, por mi parte, misión cumplida.

BIBLIOGRAFÍA DEL CAPÍTULO 7

1.   Basulto J BE, Manera M, Miserachs M, Babio N, Mielgo J, Amigó P, Revenga J, San Mauro I, Blanco E. Pérdidas de nutrientes mediante la manipulación doméstica de frutas y hortalizas. Grupo de Revisión, Estudio y Posicionamiento de la Asociación Española de DietistasNutricionistas; 2012.

2.   Koebnick C, Strassner C, Hoffmann I, Leitzmann C. Consequences of a long-term raw food diet on body weight and menstruation: results of a questionnaire survey. Ann Nutr Metab. 1999;43(2):69-79.

3.   Fontana L, Shew JL, Holloszy JO, Villareal DT. Low bone mass in subjects on a long-term raw vegetarian diet. Arch Intern Med. 2005;165(6):684-9.

4.   Link LB, Hussaini NS, Jacobson JS. Change in quality of life and immune markers after a stay at a raw vegan institute: a pilot study. Complement Ther Med. 2008;16(3):124-30.

5.   Link LB, Jacobson JS. Factors affecting adherence to a raw vegan diet. Complement Ther Clin Pract. 2008;14(1):53-9.

6.   VVAA. Manual práctico de Nutrición en Pediatría: Comité de Nutrición de la AEP; 2007 Capítulo 14 J. de Manueles, C. García Rebollar.

7.   Larsen PS, Nybo Andersen AM, Uldall P, Bech BH, Olsen J, Hansen AV, et al. Maternal vegetarianism and neurodevelopment of children enrolled in The Danish National Birth Cohort. Acta Paediatr. 2014;103(11):e507-9.

OTROS TÍTULOS
EN BOOKS4POCKET

Guía de
Mística Oriental
para occidentales

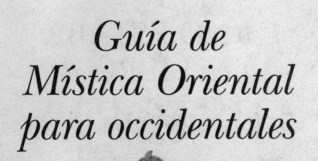

RAMIRO
CALLE

La sabiduría oriental, abordada desde
el conocimiento de su mejor divulgador,
para un uso práctico.

books4pocket

Eso NO ESTABA *en mi* LIBRO *de* HISTORIA *de* ESPAÑA

por

FRANCISCO GARCÍA DEL JUNCO

El descubrimiento de las Fuentes del Nilo, la expedición Malaspina, las visitas de tribus vikingas a tierras del Guadalquivir, Blas de Lezo, el «Lago Español»... y otros acontecimientos singulares que permanecen olvidados en la Historia de España.

books4pocket

FERNANDO ALBERCA

Todos los NIÑOS
pueden ser
EINSTEIN

Un método eficaz para motivar la inteligencia

books4pocket